duɗal - school	2
ɗannagol - travel	5
taraspoor - transport	8
wuro mowngu - city	10
yiyande taariinde - landscape	14
restora - restaurant	17
sipermarse - supermarket	20
njaram - drinks	22
ñaamdu - food	23
ngesa - farm	27
galle - house	31
suudu yeewtere - living room	33
waañ - kitchen	35
tarodde - bathroom	38
suudu sakaaɓe - child's room	42
comcol - clothing	44
gollirgal - office	49
faggudu - economy	51
haajuuji - occupations	53
kuutorɗe - tools	56
kongirgon misik - musical instruments	57
nokku kullon - zoo	59
coftal ɓalli - sports	62
golle - activities	63
ɓesngu - family	67
ɓandu - body	68
suudu safirdu - hospital	72
irsaans - emergency	76
Leydi - Earth	77
montoor - clock	79
yontere - week	80
hitaande - year	81
Mbaadi - shapes	83
kuloraaji - colours	84
ceertuɗe - opposites	85
limorɗe - numbers	88
ɗemɗe - languages	90
holi oon / hol ɗum / no - who / what / how	91
hol toon - where	92

Impressum
Verlag: BABADADA GmbH, Nedderfeld 112 , 22529 Hamburg
Geschäftsführer / Verlagsleitung: Harald Hof
Druck: Books on Demand GmbH, In de Tarpen 42, 22848 Norderstedt

Imprint
Publisher: BABADADA GmbH, Nedderfeld 112 , 22529 Hamburg, Germany
Managing Director / Publishing direction: Harald Hof
Print: Books on Demand GmbH, In de Tarpen 42, 22848 Norderstedt

duɗal

school

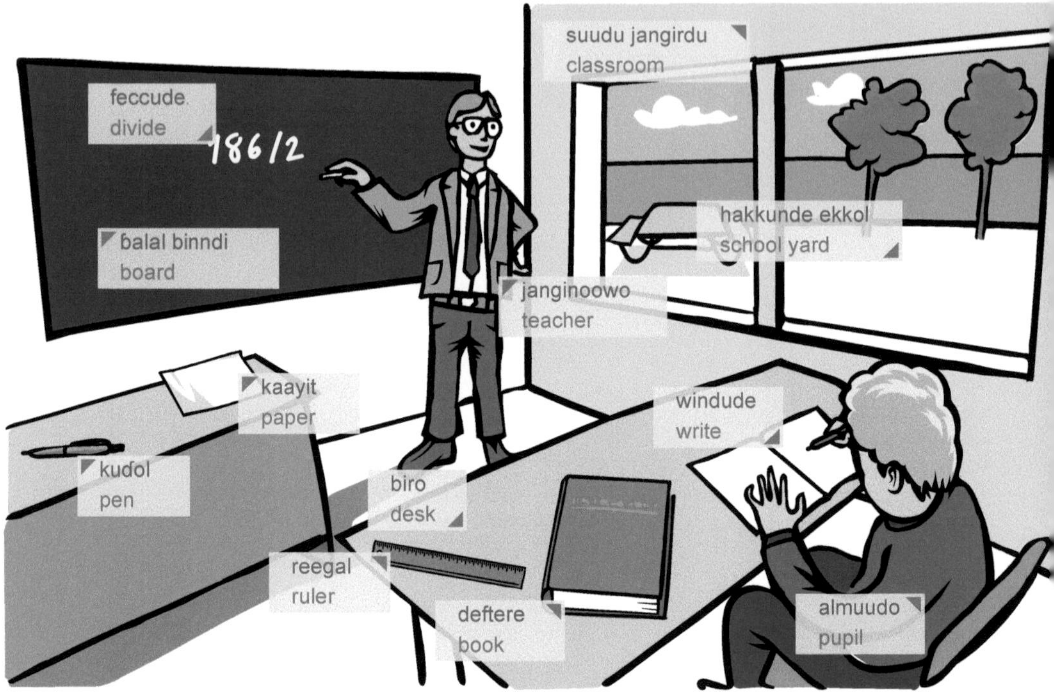
suudu jangirdu
classroom
feccude
divide
186/2
ɓalal binndi
board
janginoowo
teacher
hakkunde ekkol
school yard
kaayit
paper
windude
write
kuɗol
pen
biro
desk
reegal
ruler
deftere
book
almuudo
pupil

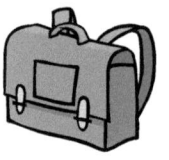

kartaabal

satchel

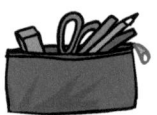

moftirdo kereyonji

pencil case

kereyo

pencil

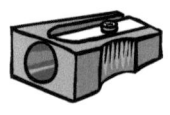

ceeɓnirgel kereyon

pencil sharpener

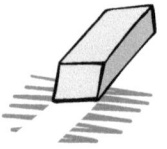

momtirgel

rubber

alluwal ciifirgal

drawing pad

ciifgol

drawing

limsere pentirteeɗo

paintbrush

suwo pentirɗo

paint box

sisooji

scissors

ɗakkorgal

glue

deftere ekkorgal

exercise book

golle janŋde

homework

12

niimara

number

2+2

ɓeydude

add

5-2

ustude

subtract

2×2

ɓeydude keeweendi

multiply

qimaade

calculate

A

ɓataake

letter

**ABCDEFG
HIJKLMN
OPQRSTU
VWXYZ**

karfeeje

alphabet

hello

kongol

word

bindol
text

jangude
read

bindirgal
chalk

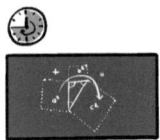

darsu
lesson

winditaade
register

egsame
exam

sartifika
certificate

comcol duɗal
school uniform

janŋde
education

ansikolopedi
encyclopedia

duɗal jaaɓi haɗtirde
university

mikoroskop
microscope

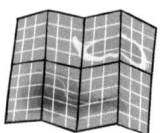

kartal
map

suwo kurjut
waste-paper basket

ɗannagol
travel

otel
hotel
Grand
obers
hostel
ROOMS
nokku beccugol e neldugol
bureau de change
waxannde
suitcase
oto
car

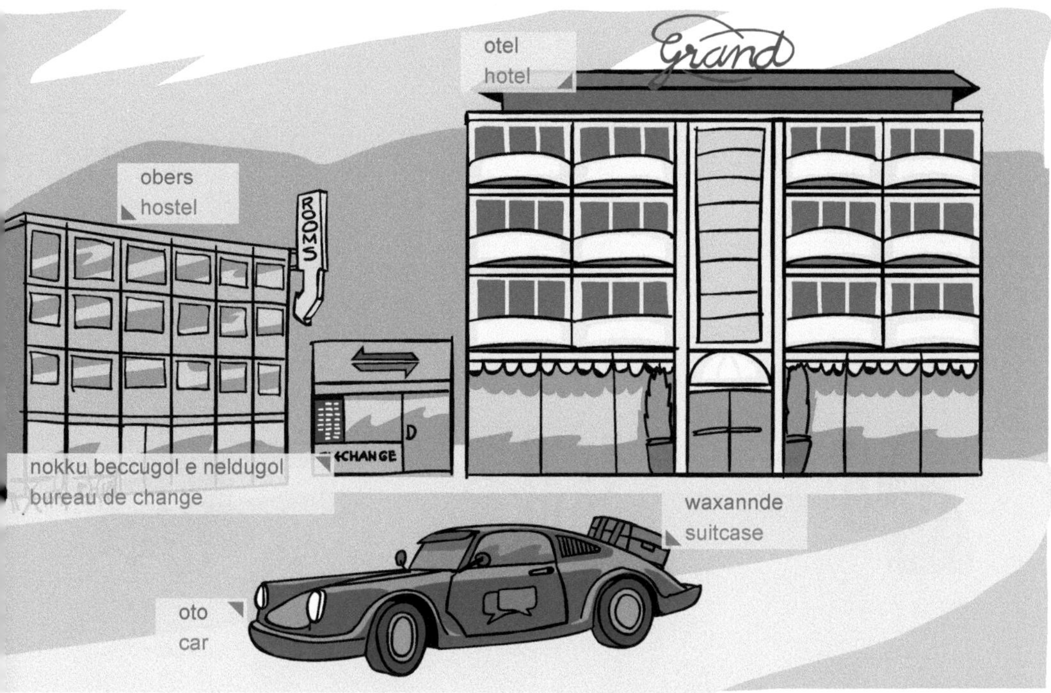

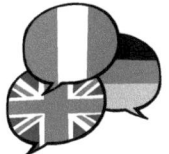

ɗemngal

language

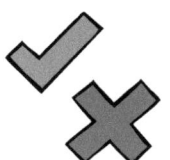

Eey / ala

yes / no

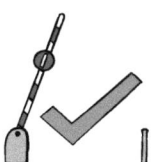

Moyyi

Okay

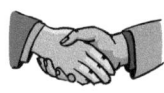

mbaɗɗa

hello

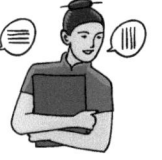

pirtoowo

translator

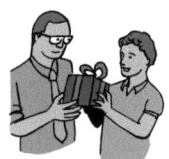

A jaraama

Thank you

no foti…?

how much is…?

Mi faamaani

I do not understand

hanmi

problem

Jam hiri!

Good evening!

Jam waali!

Good morning!

Mbaalen e jam!

Good night!

ñande woɗnde

bye bye

laawol

direction

bagaas

luggage

saawdu

bag

saawdu wambateendu

backpack

koɗo

guest

suudu

room

njegenaaw

sleeping bag

caalel ladde

tent

ɗannagol - travel

kabaruuji tuurist

tourist information

tufnde

beach

kartal banke

credit card

kacitaari

breakfast

bottaari

lunch

hiraande

dinner

biye

ticket

suutde

lift

tampon

stamp

keerol

border

duwaan

customs

ambasad

embassy

wiisa

visa

paaspoor

passport

taraspoor
transport

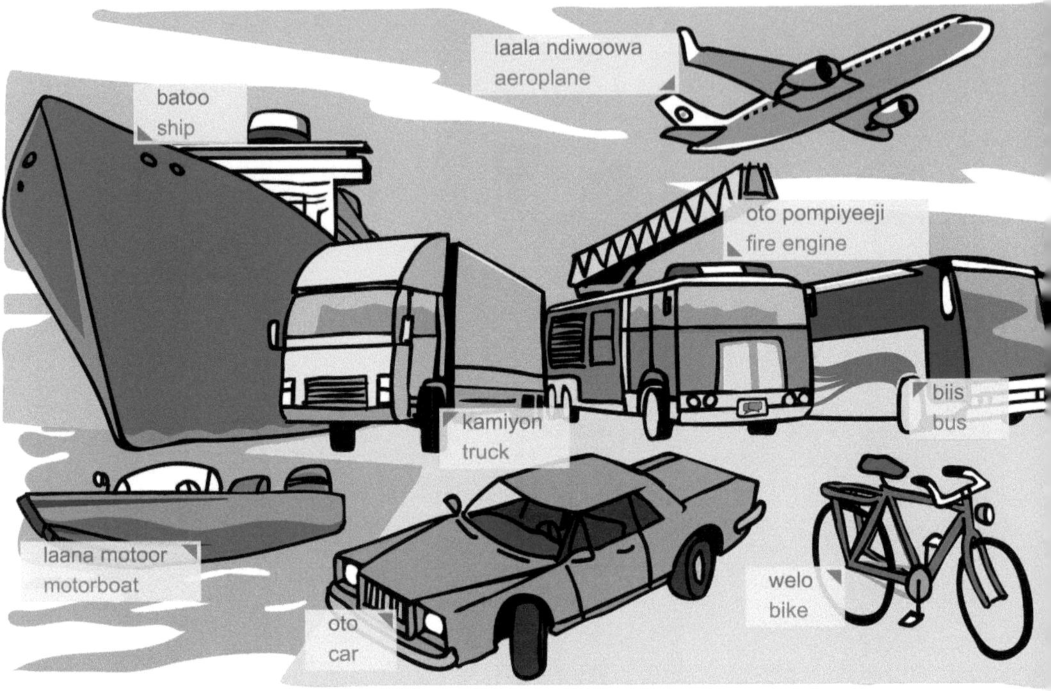

laala ndiwoowa
aeroplane
batoo
ship
oto pompiyeeji
fire engine
biis
bus
kamiyon
truck
laana motoor
motorboat
welo
bike
oto
car

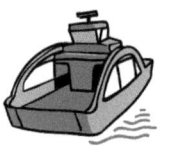

batoo
ferry

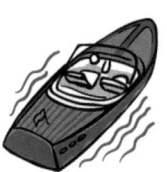

laana
boat

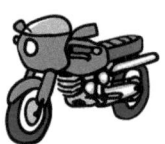

welo
motorbike

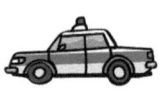

oto polis
police car

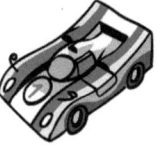

oto dogirteeɗo
racing car

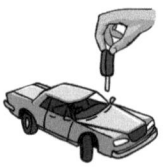

oto luwateeɗo
rental car

dendugol oto

car sharing

oto dandoowo goɗɗo

breakdown truck

oto kurjut

refuse truck

motoor

motor

karbiran

fuel

nokku esaans

petrol station

tintinooje yaangarta

traffic sign

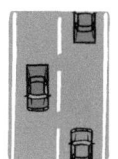

yaa ngarta

traffic

jiiɓo yaa ngarta

traffic jam

dingiral otooji

car park

dingiral laana leydi

train station

laaɓi

tracks

laana leydi

train

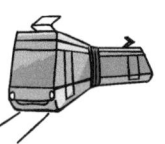

laana ndegoowa

tram

saret

carriage

elikopteer

helicopter

ayrepoor

airport

tuur

tower

wonɓe e laana

passenger

konteneer

container

karton

carton

duñirgel kaake

cart

basket

basket

diwde / juuraade

take off / land

wuro mowngu

city

wuro

village

hakkunde wuru wowngo

city centre

galle

house

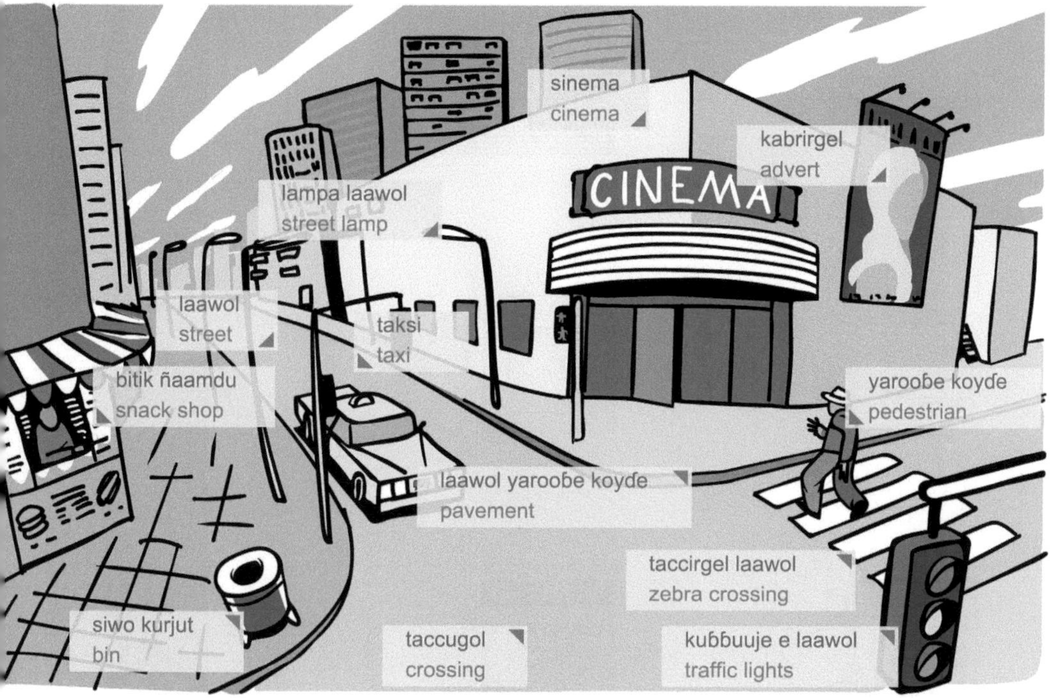

sinema
cinema

kabrirgel
advert

lampa laawol
street lamp

laawol
street

taksi
taxi

bitik ñaamdu
snack shop

yaroobe koyɗe
pedestrian

CINEMA

laawol yaroobe koyɗe
pavement

taccirgel laawol
zebra crossing

siwo kurjut
bin

taccugol
crossing

kuɓɓuuje e laawol
traffic lights

tiba
....
hut

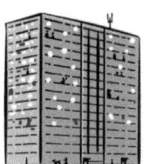

ko foti
....
flat

dingiral laana leydi
....
train station

meeri
....
town hall

miise
....
museum

duɗal
....
school

wuro mowngu - city

dudal jaabi hadtirde

university

banke

bank

suudu safirdu

hospital

otel

hotel

farmasi

pharmacy

gollirgal

office

suudu defte

book shop

bitik

shop

jeyoowo fuloraaji

florist's

sipermarse

supermarket

jeere

market

madase mawdo

department store

jeyoowo liddi

fishmonger's

nokku coodateedo

shopping centre

poor

harbour

park
park

jooɗorgal
bench

taccirgal
bridge

ŋabbirɗe
stairs

laawol metero
underground

laawul les leydi
tunnel

fongo biis
bus stop

baar
bar

restora
restaurant

buwaat postaal
postbox

lewñowel laawol
street sign

to otooji ndaroto
parking meter

nokku kullon
zoo

pisin
swimming pool

jama
mosque

ngesa

farm

gakkingol hendu

pollution

bammule

graveyard

egiliis

church

dingiral

playground

tampl

temple

yiyande taariinde

landscape

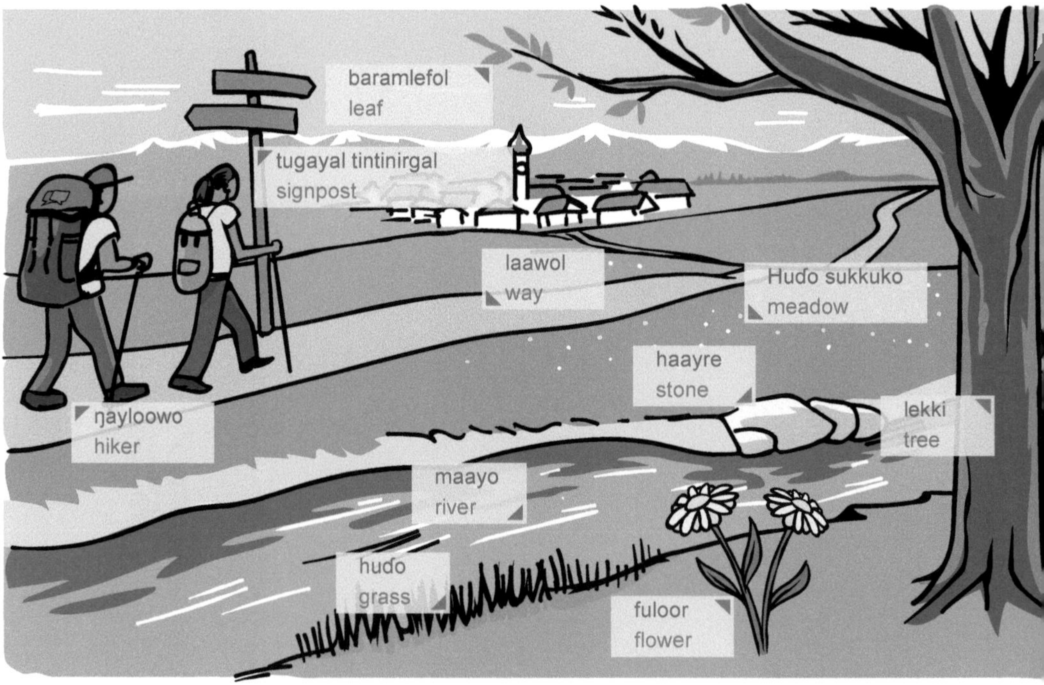

baramlefol
leaf

tugayal tintinirgal
signpost

laawol
way

Huɗo sukkuko
meadow

haayre
stone

lekki
tree

ŋayloowo
hiker

maayo
river

huɗo
grass

fuloor
flower

nokku kaaŋe mawɗe to
ndiyam dogata

valley

waande

hill

weedu

lake

ladde

forest

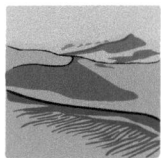

ladde yoornde

desert

wolkan

volcano

satoo

castle

timtimol

rainbow

sampiñon

mushroom

leki palm

palm tree

ɓowngu

mosquito

diwde

fly

njabala

ant

mbuubu ñaak

bee

njabala

spider

hoowoyre keppoore

beetle

faabru

frog

doomburu ladde

squirrel

sammunde

hedgehog

fowru

hare

pubbuɓal

owl

colel

bird

kakeleewal ladde

swan

mbabba tugal

boar

lella

deer

Nagge nde galladi cate

moose

baraas

dam

masiŋel battowel hendu
jeynge

wind turbine

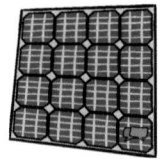

Lowowel nguleeki

solar panel

kilima

climate

restora
restaurant

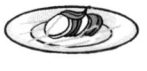

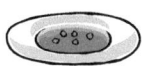

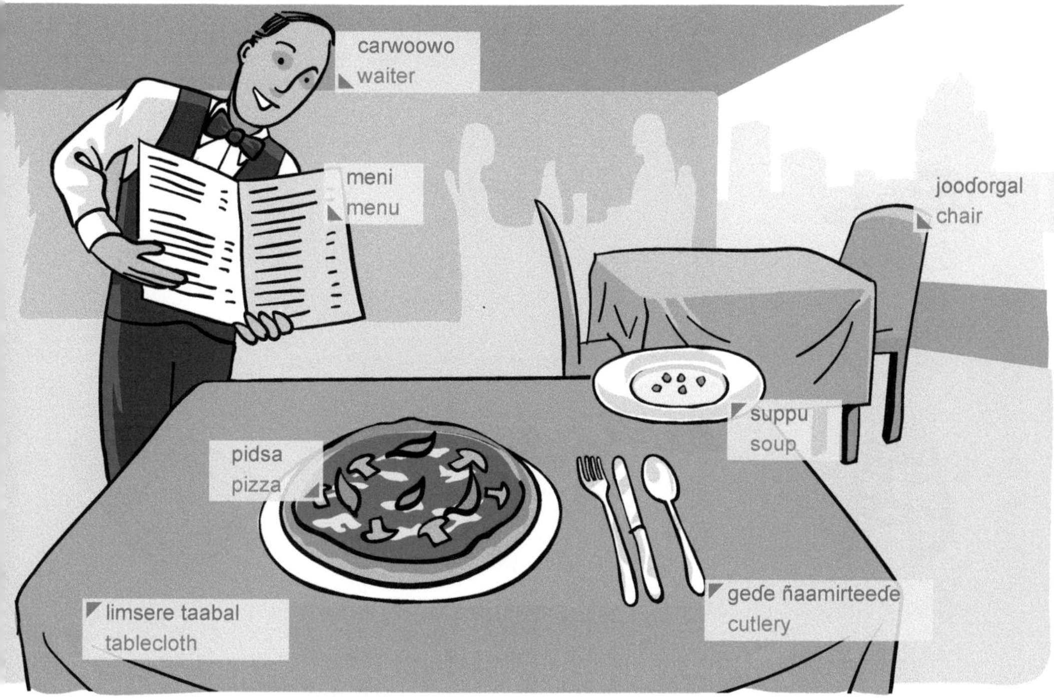
carwoowo
waiter
meni
menu
joodorgal
chair
suppu
soup
pidsa
pizza
limsere taabal
tablecloth
geɗe ñaamirteeɗe
cutlery

tongitirgel

starter

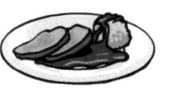

ñaamdu nguraandi

main course

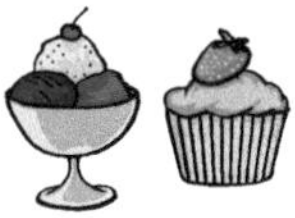

tuftorogol

dessert

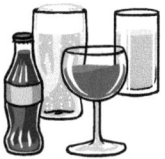

njaram

drinks

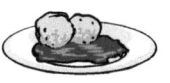

ñaamdu

food

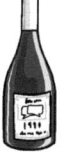

butel

bottle

fast fud
fast food

ñaamdu laawol
street food

baraade
teapot

cupayel suukara
sugar bowl

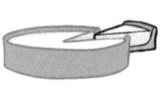

geɗel
portion

Masinŋ kafe
espresso machine

jooɗorgal toowngal
high chair

biye
bill

ñorgo
tray

paaka
knife

furset
fork

kuddu
spoon

nokkere kuddu
teaspoon

sarbet
serviette

weer
glass

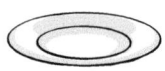

palaat

plate

palaat suppu

soup plate

cupayel

saucer

soos

sauce

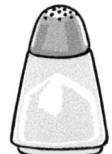

pot lamđam

salt pot

moññirgal poobar

pepper mill

bineegara

vinegar

nebam

oil

kaađnooje

spices

ketsap

ketchup

muttard

mustard

mayonees

mayonnaise

sipermarse
supermarket

ngustugul coggu
special offer
FOR
kiliyaan
customer
kosameeje
dairy
ɓikkon leɗɗe
fruit
daasirgel
trolley

BUTCHERS

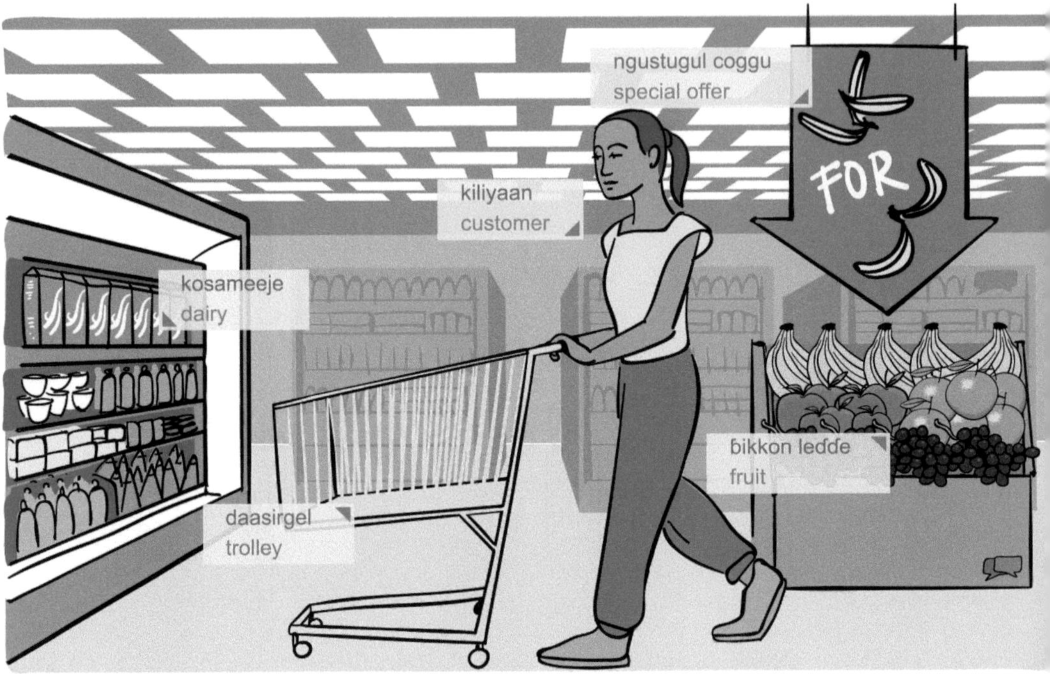

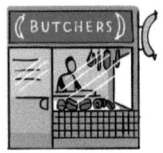

jeyoowo teew nagge

butcher´s

BAKERY

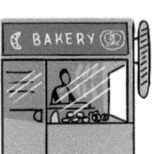

juɗoowo mburu

baker´s

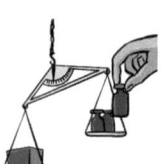

ɓetde

weigh

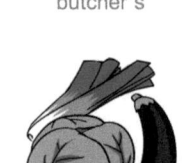

lijim

vegetables

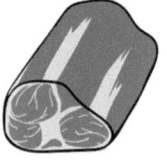

teew

meat

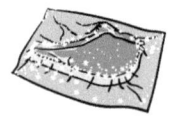

ñaamdu ɓumnaandu

frozen food

teew moftaaɗo

cold meat

ñaamdu nder buwat

tinned food

condi lawyirteendu

washing powder

bonboonji

sweets

geɗe ngurdaaɗe

household products

porodiwiiji laaɓnirni

cleaning products

julaaajo

salesperson

haa

till

kestotooɗo

cashier

limto coodateeɗi

shopping list

waktuuji golle

opening hours

kalbe

wallet

kartal banke

credit card

saak

bag

saak dalli

plastic bag

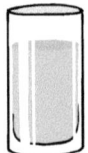

ndiyam

water

njaram

juice

kosam

milk

ỹulmere

coke

sangara

wine

sangara

beer

sangara

alcohol

kakao

cocoa

ataaya

tea

kafe

coffee

kafe jon jooni

espresso

kafe italinaabe

cappuccino

banaana

banana

pom

apple

oraas

orange

dende

melon

limonŋ

lemon

karot

carrot

laay

garlic

lekki bambu

bamboo

basalle

onion

sampiñon

mushroom

gerte

nuts

espageti

noodles

espageti

spaghetti

maaro

rice

salaat

salad

firit

chips

faatat cahaaɗo

fried potatoes

pidsa

pizza

amburgeer

hamburger

sandiwis

sandwich

buhal baddangal e lijim

cutlet

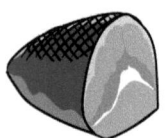

buhal teew

ham

kaane biyeteeɗo sosison

salami

sosis

sausage

gertogal

chicken

defaɗum

roast

liingu

fish

ndefu gabbe kuwakeer

porridge oats

njilɓundi aɓuwaan e gabbe goɗɗe

muesli

kornfelek

cornflakes

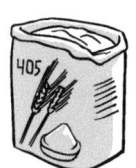

farin

flour

kurwasa

croissant

pe o le

bread roll

mburu

bread

mburu juɗaaɗo

toast

mbiskit

biscuits

nebam boor

butter

kosam kaaɗɗam

curd

gato

cake

ɓoccoonde

egg

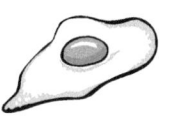

moccoonde fasnaande

fried egg

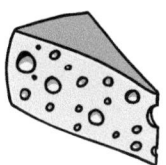

foromaas

cheese

kerem galaas

ice cream

suukara

sugar

njuumri

honey

teew nagge

jam

nirkugol sokkola

chocolate spread

suppu kaane

curry

ngesa
farm

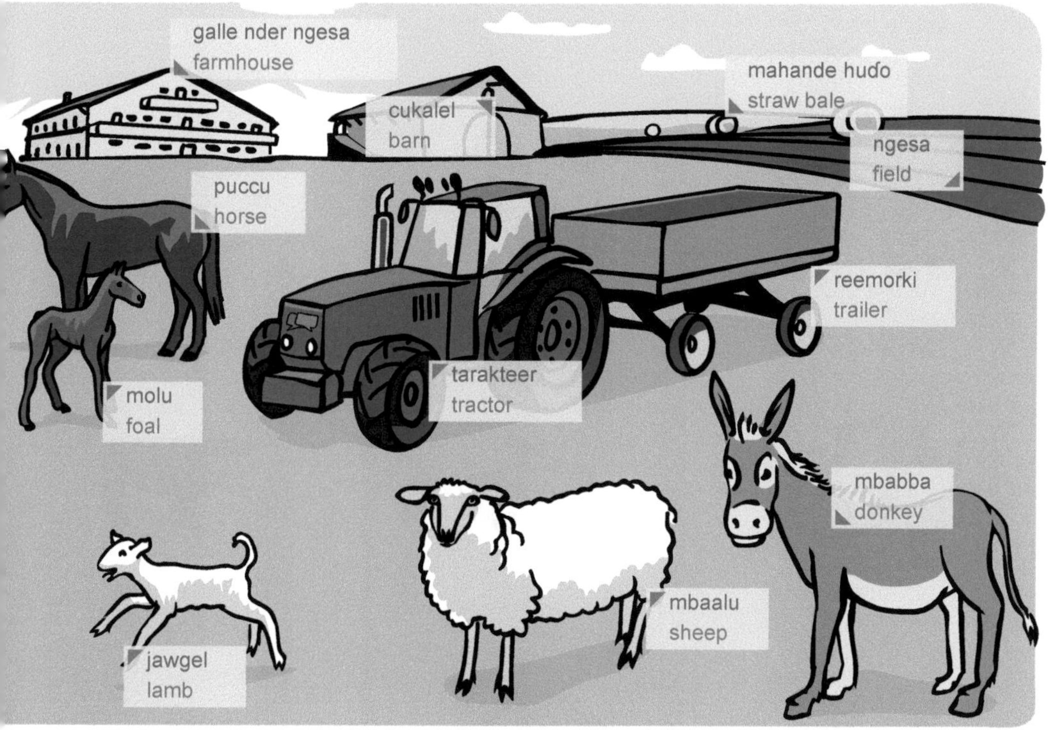
galle nder ngesa
farmhouse
cukalel
barn
mahande huɗo
straw bale
ngesa
field
puccu
horse
reemorki
trailer
molu
foal
tarakteer
tractor
mbabba
donkey
mbaalu
sheep
jawgel
lamb

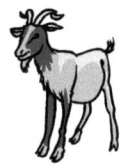

ndamdi

goat

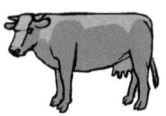

nagge

cow

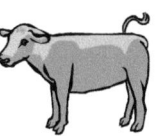

mbeewa

calf

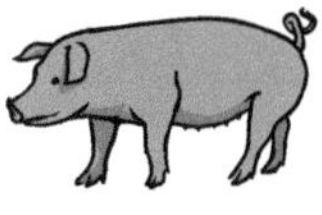

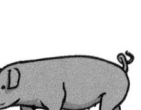

mbabba tugal

pig

ɓingel mbabba tugal

piglet

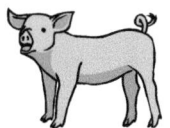

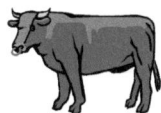

ngaari ladde

bull

jarlal ladde

goose

gerlal

duck

cofel

chick

jarlal

hen

ngori

cock

doomburu

rat

ullundu

cat

doomburu

mouse

nagge

ox

rawaandu

dog

nokku dawaaɗi

doghouse

tiwo sardin

garden hose

doosirgal

watering can

wofdu mawndu

scythe

masinŋ demoowo

plough

wofdu

sickle

coppirgal

hoe

rato

pitchfork

hakkunde

axe

buruwet

wheelbarrow

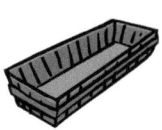

mbalka

trough

kosam buwat

milk can

saak

sack

kalasal galle

fence

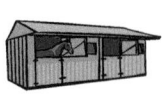

nokku pucci

stable

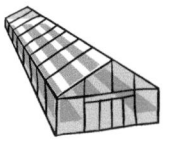

inexistant

greenhouse

leydi

soil

abbere

seed

nguurtinooje leydi

fertilizer

masinŋ coñirteeɗo

combine harvester

soñde

harvest

soñde

harvest

ñambi

yams

bele

wheat

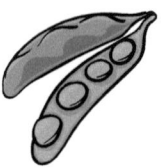

soja

soy

faatat

potato

maka

corn

abbere lekki kolsa

rapeseed

lekki firwiiji

fruit tree

ñambi

cassava

sereyaal

cereals

galle

house

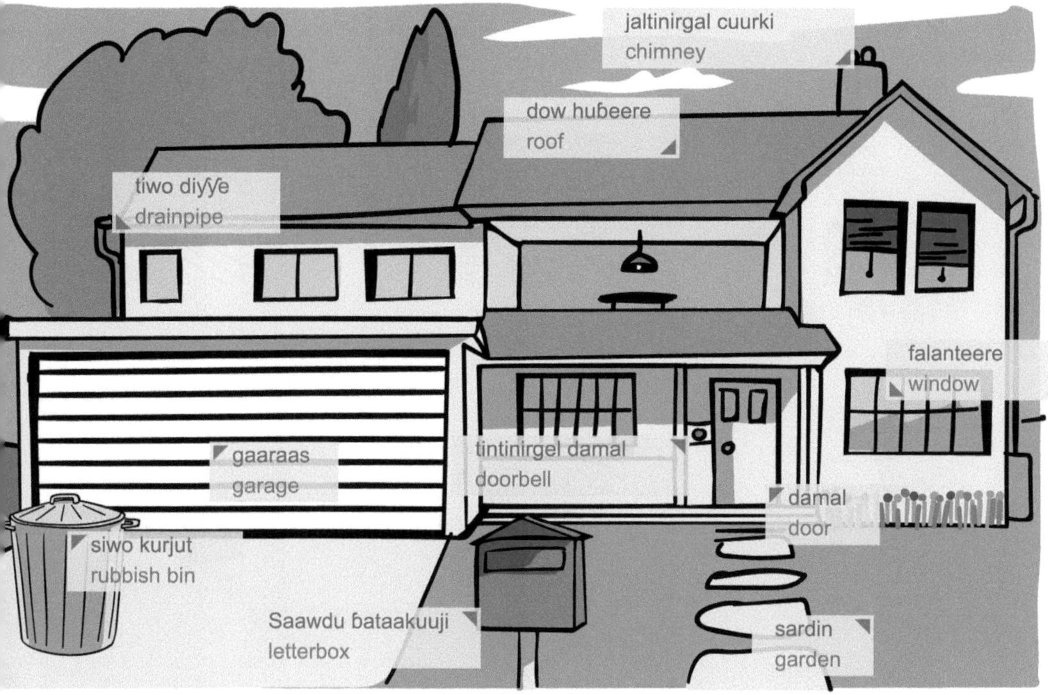

jaltinirgal cuurki
chimney
dow huɓeere
roof
tiwo diyƴe
drainpipe
falanteere
window
gaaraas
garage
tintinirgel damal
doorbell
damal
door
siwo kurjut
rubbish bin
Saawdu ɓataakuuji
letterbox
sardin
garden

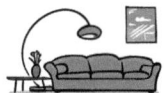

suudu yeewtere

living room

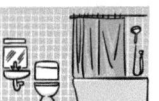

tarodde

bathroom

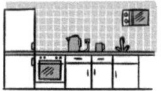

waañ

kitchen

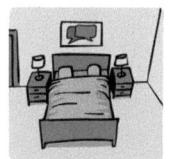

suudu waalduru

bedroom

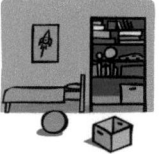

suudu sakaaɓe

child's room

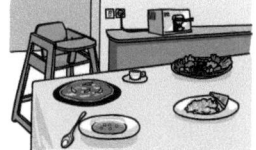

suudu hiraande

dining room

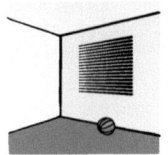

karawal

floor

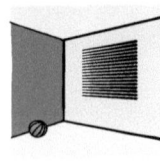

ɓalal

wall

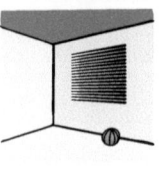

asamaan suudu

ceiling

faawru

cellar

soona e ɗemngal farase

sauna

balko

balcony

teeraas

terrace

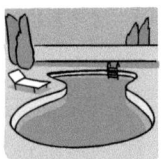

pisin

pool

keefoowo huɗo

lawn mower

darap

sheet

darap

bedspread

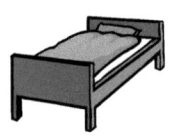

leeso

bed

pittirgal

broom

suwo

bucket

ñifirgel

switch

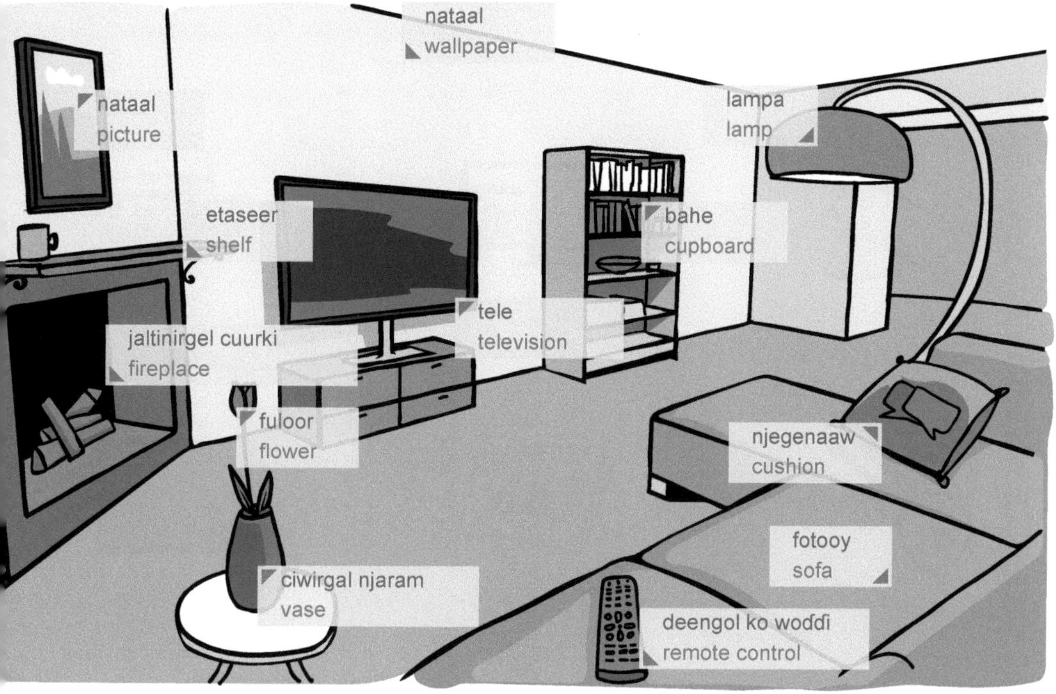

nataal
wallpaper

nataal
picture

lampa
lamp

etaseer
shelf

bahe
cupboard

jaltinirgel cuurki
fireplace

tele
television

fuloor
flower

njegenaaw
cushion

fotooy
sofa

ciwirgal njaram
vase

deengol ko woɗɗi
remote control

tappi
....
carpet

rido
....
curtain

taabal
....
table

jooɗorgal
....
chair

jooɗorgal timmungal
....
rocking chair

jooɗorgal tuggateengal
....
armchair

deftere

book

cuddirgal

blanket

jooɗnugol

decoration

leɗɗe kuɓɓateeɗe

firewood

filmo

film

materiyel hi-fi

hi-fi equipment

coktirgal

key

kaayit kabaruuji

newspaper

pentirgol

painting

posteer

poster

rajo

radio

teskorgel

notepad

boɗowel pusiyeer

hoover

kaktis

cactus

sondel

candle

waañ
kitchen

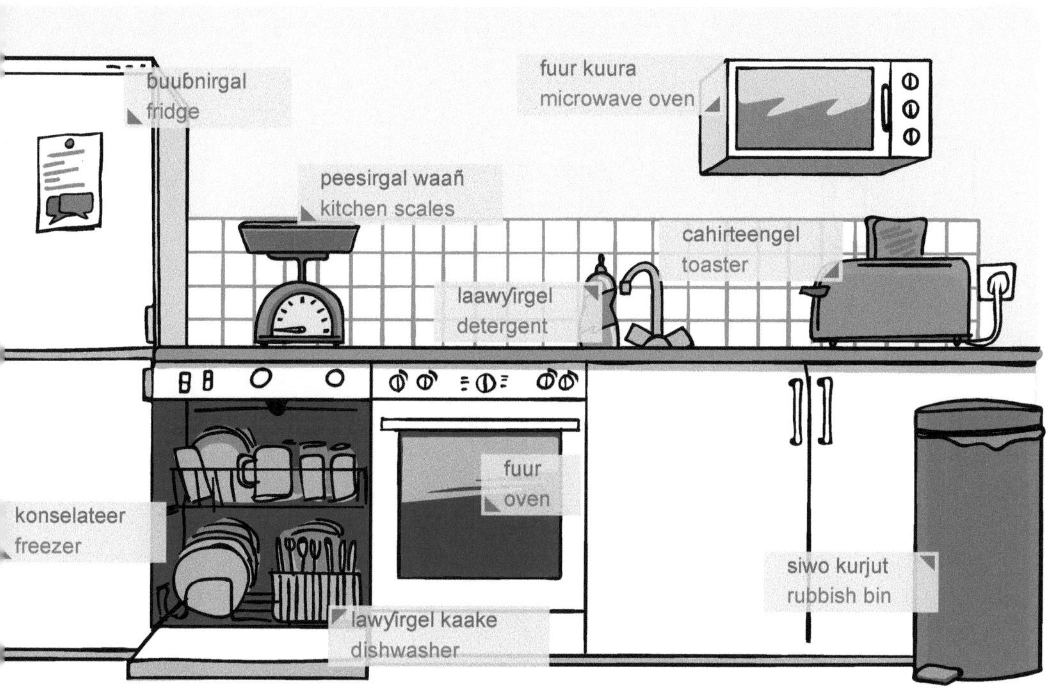
buuɓnirgal
fridge
fuur kuura
microwave oven
peesirgal waañ
kitchen scales
cahirteengel
toaster
laawƴirgel
detergent
fuur
oven
konselateer
freezer
siwo kurjut
rubbish bin
lawƴirgel kaake
dishwasher

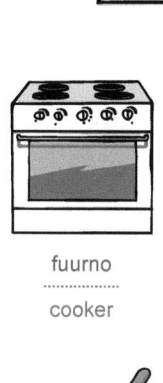

fuurno
cooker

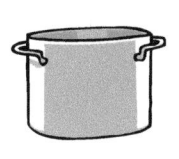

pot
pot

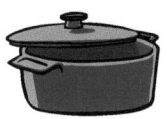

barme
cast-iron pot

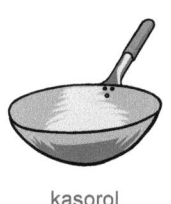

kasorol
wok / kadai

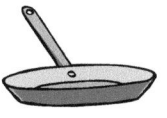

kasorol
pan

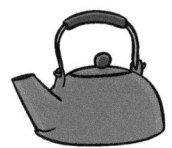

satalla
kettle

suppere defirteende

steamer

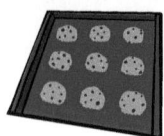

pool defirteeɗo

baking tray

lawУ̃ugol kaake

crockery

pot jarduɗo

mug

suppeere

bowl

ñibirgon ñaamdu

chopsticks

kuddu luus

ladle

kayit ɗakirteeɗo

spatula

iirtude

whisk

ceɗirgel

strainer

tame

sieve

keefirgel

grater

moññirgal

mortar

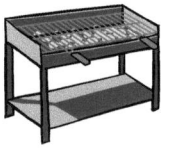

juɗgol

barbecue

jeyngol e henndu

open fire

coppirgal

chopping board

degnirgel ñaamdu feewnateendu

rolling pin

udditirgel butel

corkscrew

buwaat

can

udditirgel buwat

can opener

nangirgel pot

pot holder

siimtude

sink

boros

brush

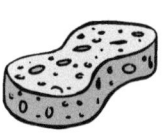

eppoos

sponge

jiibirgel

blender

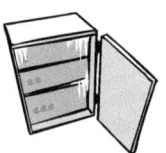

battowel galaas

deep freezer

jardugel tiggu

baby bottle

robine

tap

tarodde
bathroom

gulnirgel suudo
heating
momtirgel
towel
lootogol
shower
birnirgel lootorgal
shower curtain
lootogol e ngufu
bubble bath
ngaska buftorteengo
bathtub
weer
glass
masinŋ lootnoowo
washing machine
robine
tap
kette senge
tiles
potsamburu
potty
siimtude
sink

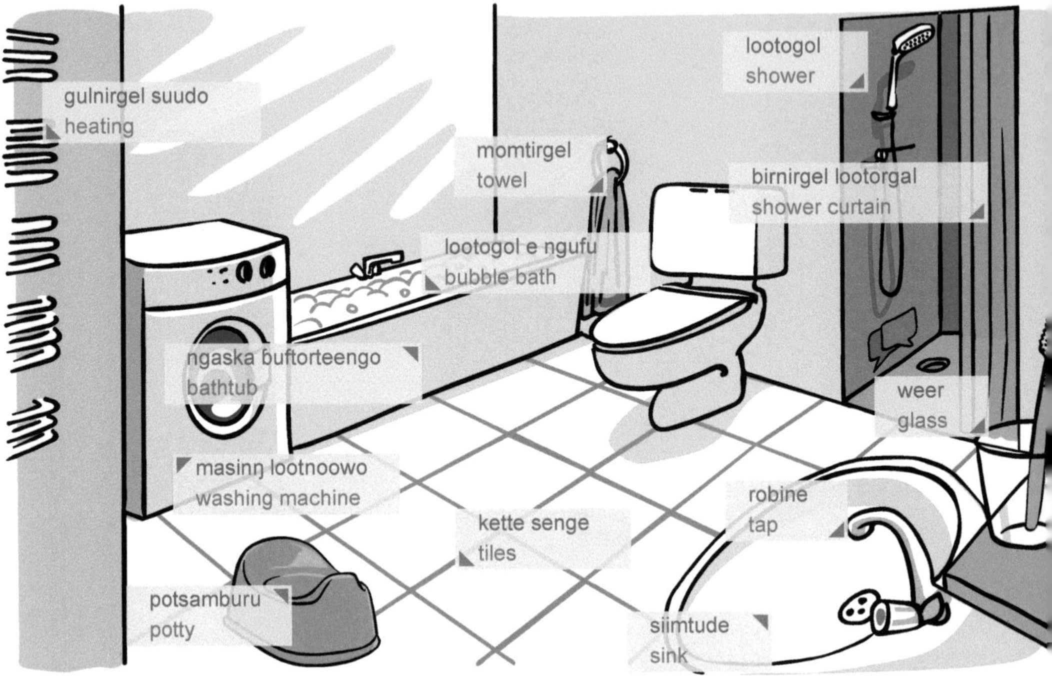

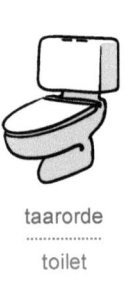

taarorde

toilet

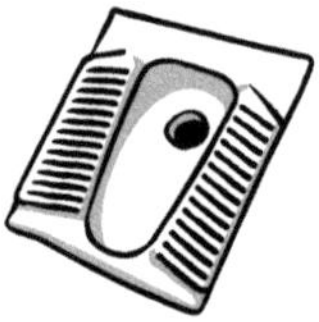

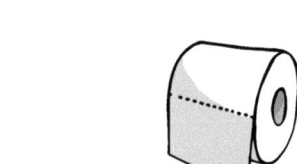

joɗorgal kuwirteengal

squat toilet

biisirgel ndiyam

bidet

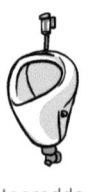

taarodde

urinal

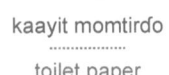

kaayit momtirɗo

toilet paper

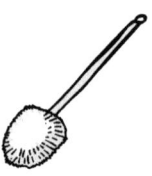

boros taarorde

toilet brush

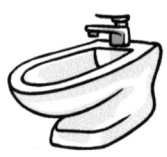

coccorgal ƴiiye

toothbrush

sabunde ƴiiye

toothpaste

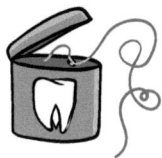

gaarowol ñiire

dental floss

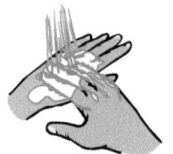

lawƴude

wash

ɓoggol lootirteengol

handheld shower

ɓuftogol

douche

loowirteengel

basin

demirgel huɗo

back brush

sabunnde

soap

saabunde ɓuftorteende

shower gel

sampoye

shampoo

limsere wiro

flannel

ciiygol

drain

kerem

cream

uurnirgel

deodorant

daandorgal

mirror

daandorgal pamoral

hand mirror

pembirgel

razor

ngufu pembol

shaving foam

moomiteengel pembol

aftershave

yeesoode

comb

boros

brush

joornirgel sukunndu

hair dryer

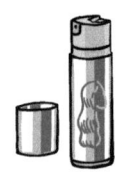

peewnirgel sukunndu

hairspray

makiyaas

makeup

jooɗirgel toni

lipstick

momtirgel cegeneeji

nail varnish

garowol wiro

cotton wool

siso cegeneeji

nail scissors

parfon

perfume

waxande lootorgal

washbag

kuudi

stool

peesirgal

weighing scale

wutte cuftorteeɗo

bathrobe

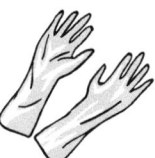

gaŋuuji dalli

rubber gloves

momtirer ƴiiƴam ella

tampon

kuus tiggu

sanitary towel

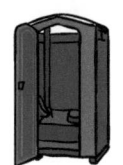

lootogol simik

chemical toilet

suudu sakaaɓe

child's room

pindinirgel
alarm clock
kullel fijirde
cuddly toy
oto pijirgel
toy car
dillere
rattle
galle pijirgel
doll's house
hannde
present

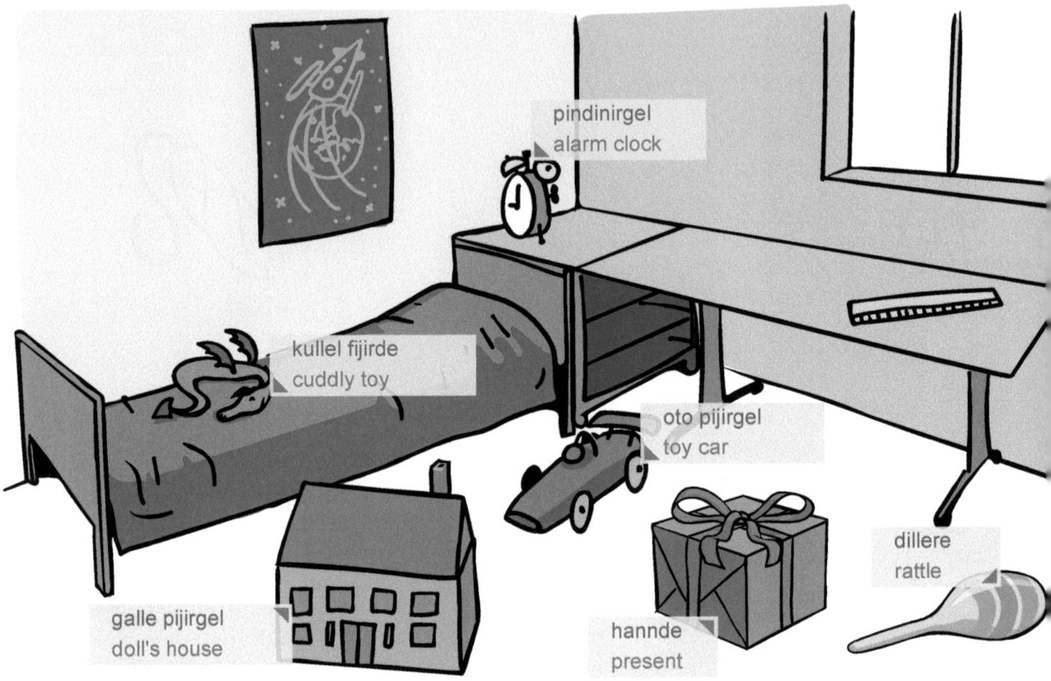

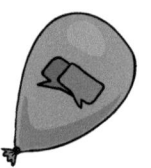

sumalle dalli

balloon

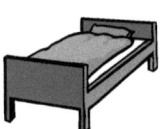

leeso

bed

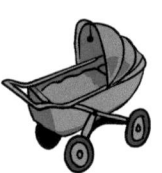

duñirgel tiggu

pram

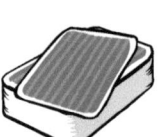

nokkere karte

deck of cards

fijirde lombondirgol

jigsaw

SUPER
MEGA

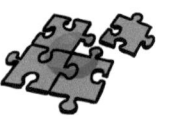

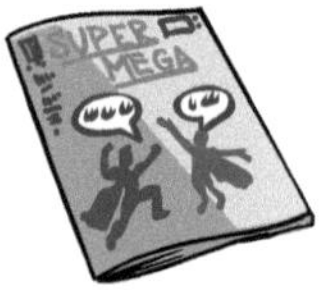

njalniika

comic

pijirgel tuufeeje

lego bricks

tuufeeje

building blocks

pijirgel

action figure

comcol tiggu

babygrow

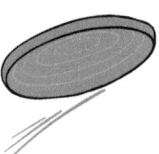

palaat diwwoow

frisbee

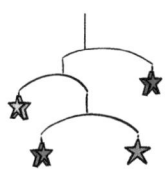

noddirgel

mobile

pijirgel

board game

dee

dice

ñemtinirgel laana ndegoowa

model train set

neɗɗo fuuunti

dummy

fijirde

party

deftere nate

picture book

bal

ball

puppe

doll

fijde

play

mbalka ceenal

sandpit

beeltirgal

swing

pijirgel

toys

pijiteengel see widewo

video game console

welo biifi tati

tricycle

pijirgel kullel urs

teddy bear

armuwaar

wardrobe

comcol

clothing

kawase

socks

kawase

stockings

tuubayon ɓittukon

tights

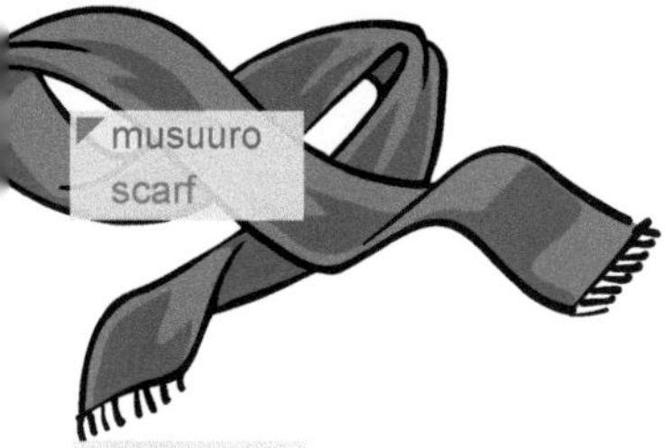

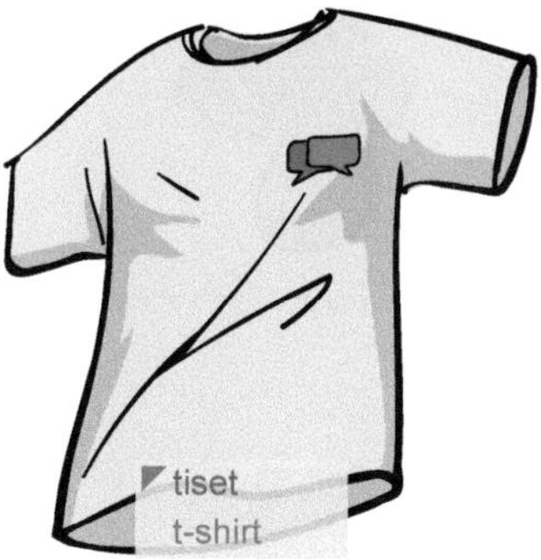

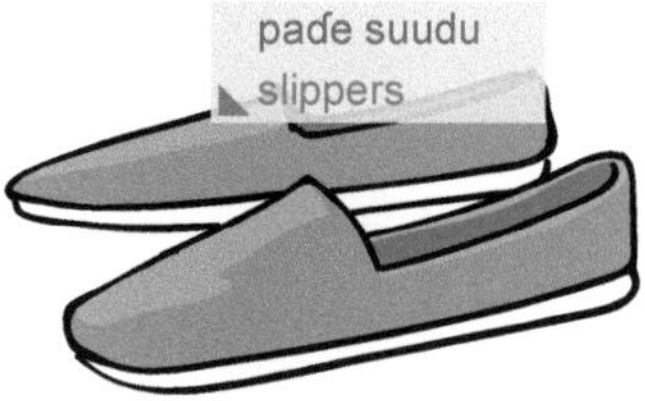

musuuro
scarf

dadorde
belt

paraseewal
umbrella

tiset
t-shirt

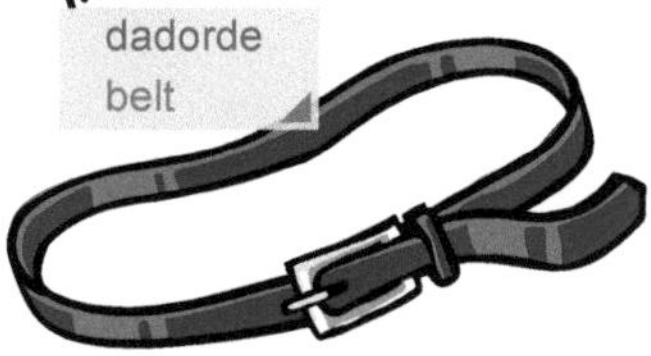

pade toowde
boots

pade suudu
slippers

pade bokkateede
trainers

pade diwa
sandals

pade
shoes

padde toowde lirotoode
rubber boots

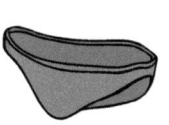

cakkirdi
underpants

sucengors
bra

silet
vest

comcol - clothing   45

banndu

body

tuuba

trousers

jiin

jeans

robbo

skirt

buluson

blouse

simis

shirt

piliweer

pullover

weste nebbu

hoodie

layset

blazer

jaget

jacket

weste juudɗo

coat

wutte toɓo

raincoat

kostim

costume

robbo

dress

robbo yange

wedding dress

weste

suit

wutte baalduɗo

nightgown

pijama

pyjamas

sari

sari

muusooro

headscarf

kaala

turban

kaala

burqa

sabndoor

kaftan

abbaay

abaya

comcol lumbirogol

swimsuit

cakkirɗi

trunks

kilot

shorts

joogin

tracksuit

limsere deffowo

apron

gaŋuuji

gloves

boɗɗirgel
button

lone
glasses

jawo
bracelet

cakka
necklace

feggere
ring

hootonde
earring

laafa
cap

liggirgal weste
coat hanger

laafa
hat

karawat
tie

zip
zip

laafa ndeenka
helmet

ganŋ
braces

comcol duɗal
school uniform

iniform
uniform

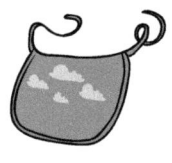

sarbetel daande

bib

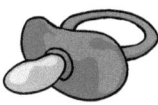

neɗɗo fuuunti

dummy

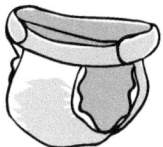

kuus

nappy

gollirgal
office

serveer
server
baxane doodiyeeji
filing cabinet
kaayit
paper
jaltinirgel kaayit
printer
ekaran
monitor
biro
desk
suuri
mouse
caawiirgel doosiyeeji
folder
tappirde
keyboard
suwo kurjut
waste-paper basket
ordinateer
computer
jooɗorgal
chair

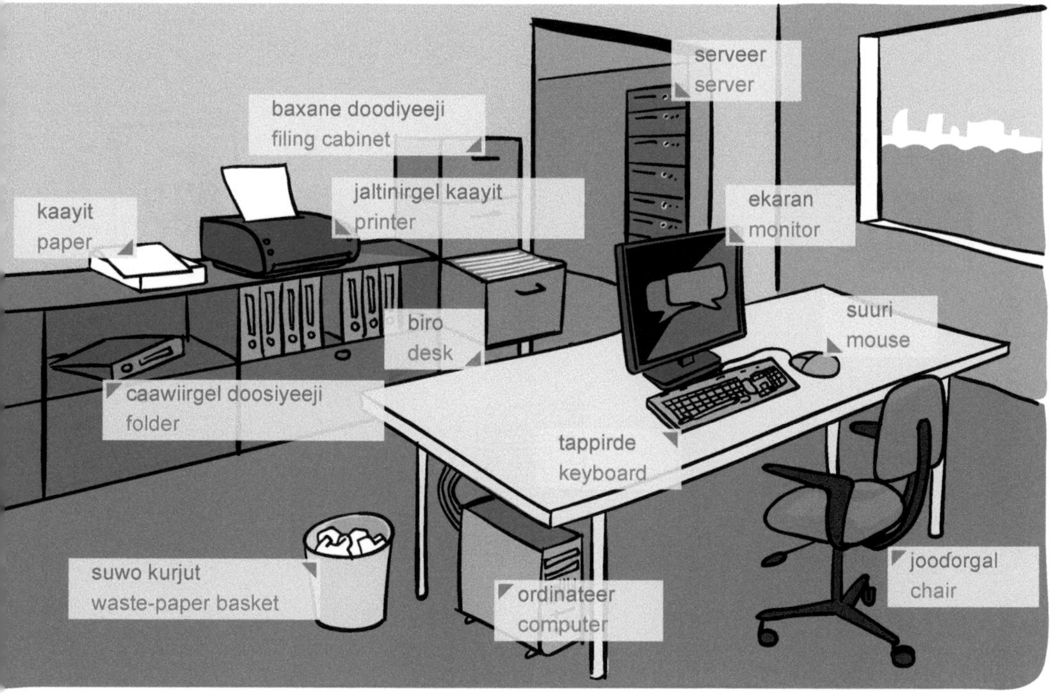

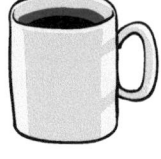

kuppu kafe

coffee mug

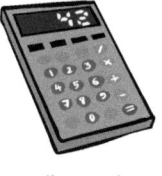

qiimorgal

calculator

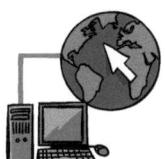

enternet

internet

ordinateer beelnateeɗo

laptop

bataake

letter

bataake

message

noddirgel

mobile

reso

network

cottitirgel

photocopier

losisiyel

software

noddirgel

telephone

ceŋirgel ɓoggol kuura

plug socket

masinŋ faks

fax machine

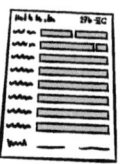

mbaadi

form

dokiman

document

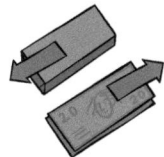

soodde

buy

soodde

pay

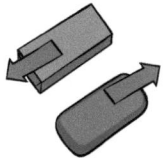

yeyde

trade

kaalis

money

dolaar

dollar

eroo

euro

yen

yen

ruubal

rouble

faran Siwis

Swiss franc

yuwaan renminbi

renminbi yuan

rupii

rupee

masinŋ keestordo kaalis

cashpoint

nokku beccugol e neldugol
....
bureau de change

kanŋe
....
gold

kaalis
....
silver

esaans
....
oil

sembe
....
energy

coggu
....
price

kontara
....
contract

taks
....
tax

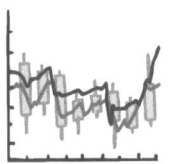

marsandiss moftaaɗo
....
stock

gollude
....
work

gollinteeɗo
....
employee

gollinoowo
....
employer

isin
....
factory

bitik
....
shop

haajuuji
occupations

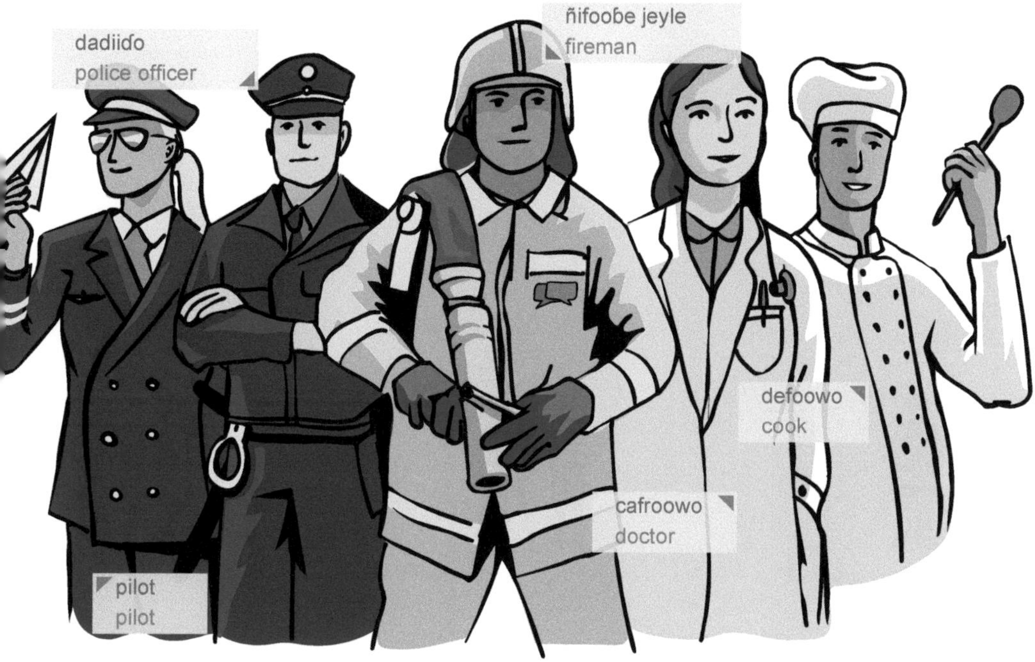
ñifooɓe jeyle
fireman
dadiiɗo
police officer
defoowo
cook
cafroowo
doctor
pilot
pilot

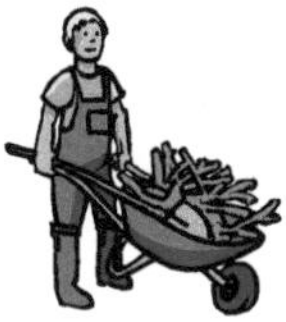

toppitiiɗo sardin

gardener

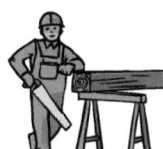

minise

carpenter

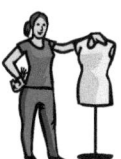

ñootoowo

seamstress

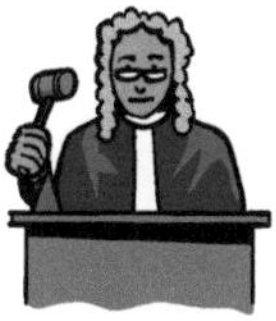

ñaawoowo

judge

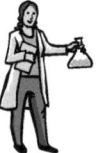

simist e ɗemngal farayse

chemist

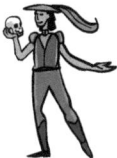

aktoor

actor

dognoowo biis

bus driver

dognoowo taksi

taxi driver

gawoowo

fisherman

pittoowo

cleaning lady

cengirɗe huɓeere

roofer

carwoowo

waiter

daddoowo

hunter

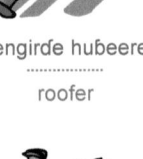

pentiroowo

painter

piyoowo mburu

baker

gollowo kuura

electrician

mahoowo

builder

enseñeer

engineer

jeyoowo teew keso

butcher

polombiyer

plumber

nawoowo ɓatakuuji

postman

kooninke

soldier

diidoowo ɓahanteeri

architect

kestotooɗo

cashier

jeyoowo fuloraaji

florist

mooroowo

hairdresser

dognoowo

conductor

mekanisiyenŋ

mechanic

kapiteen

captain

cafroowo ƴiiƴe

dentist

miijotooɗo

scientist

kellifaaɗo diine to israayel

rabbi

imaam

imam

muwaan e e ɗemngal
farayse

monk

kellifaaɗo diine heerereeɓe

clergyman

kuutorɗe

tools

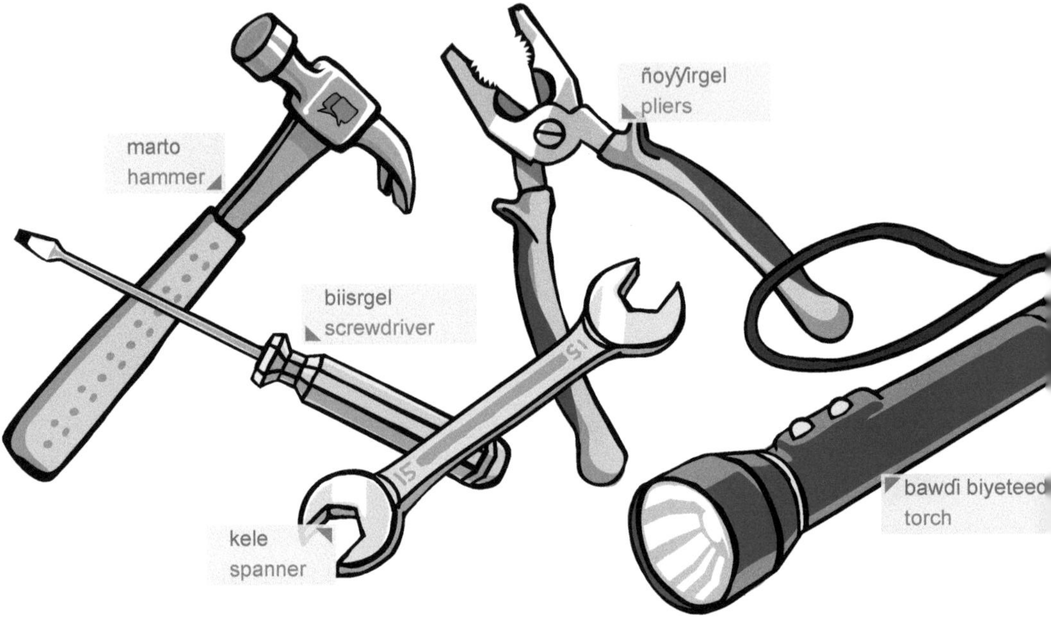

ñoƴƴirgel
pliers
marto
hammer
biisrgel
screwdriver
bawɗi biyeteed
torch
kele
spanner

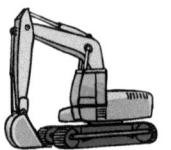

pikku

digger

baxanel kaɓorɗe

toolbox

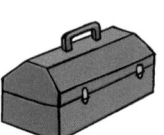

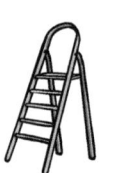

ŋabbirgal

ladder

taƴirgal

saw

ƴiɓirɗe

nails

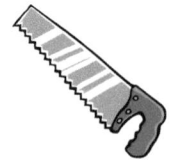

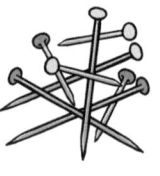

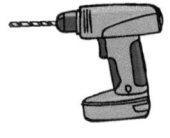

julirgal

drill

fewnitde
....
repair

nokkirgel
....
shovel

Soo!
....
Damn!

boftirgel kurjut
....
dustpan

pot penttiir
....
paint pot

wiisuuji
....
screws

kongirgon misik
musical instruments

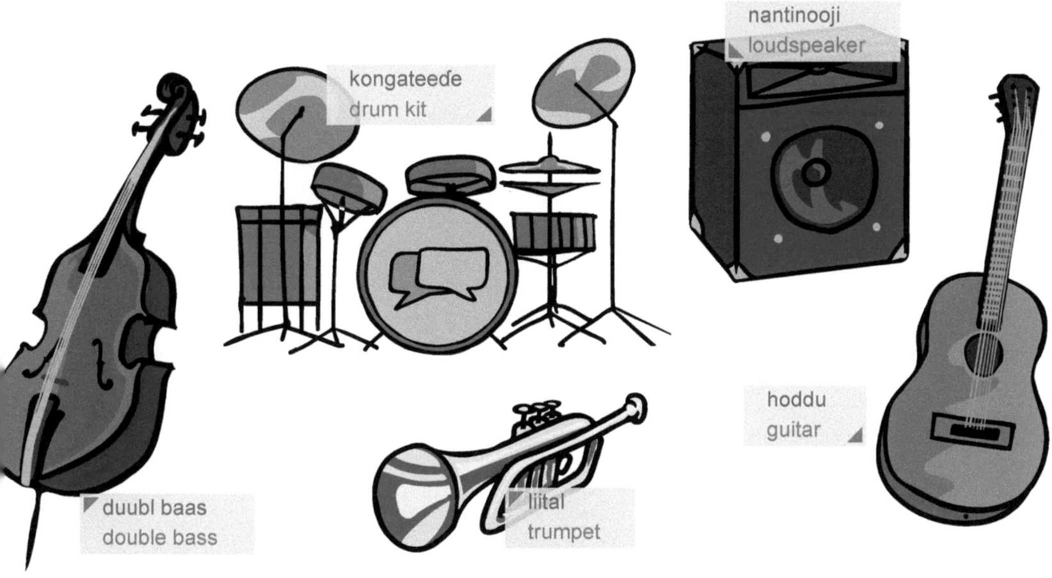

nantinooji
loudspeaker

kongateede
drum kit

hoddu
guitar

duubl baas
double bass

liital
trumpet

piayaano

piano

wiyolon

violin

baas

bass

bowɗi biyeteeɗi timpani

timpani

bawɗi

drums

tappirgal

keyboard

saksofoon

saxophone

nguurdu

flute

mikoro

microphone

nokku kullon

zoo

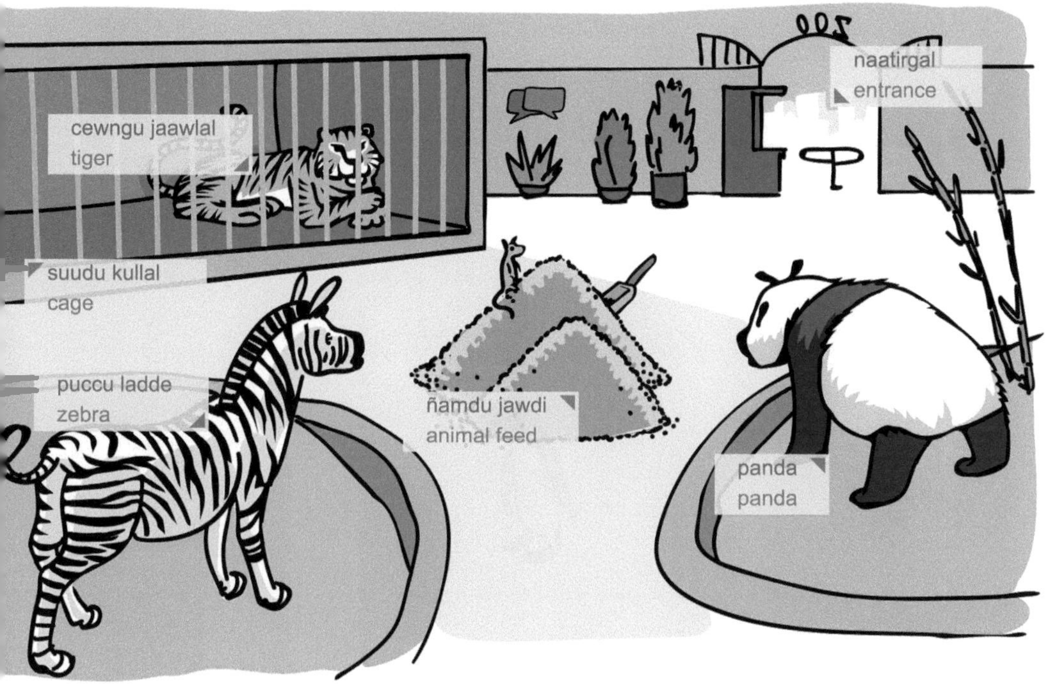

naatirgal
entrance
cewngu jaawlal
tiger
suudu kullal
cage
puccu ladde
zebra
ñamdu jawdi
animal feed
panda
panda

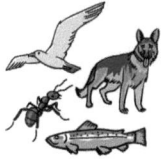

kulle
animals

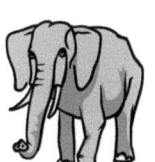

ñiiwa
elephant

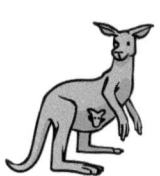

kanguru
kangaroo

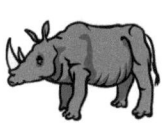

rinoseros
rhino

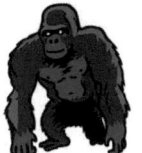

waandu mowndu
gorilla

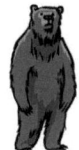

urs
bear

ngelooba

camel

sundu ɓurndu mownude

ostrich

mbaroodi

lion

waandu

monkey

ñaaral pural

flamingo

seku

parrot

urso galaas

polar bear

liingu wiyeteendu penguwe

penguin

lingu reke

shark

ndiwri wiyeteendu pawon

peacock

laadoori

snake

nooro

crocodile

deenoowo zoo

zookeeper

togoori ndiyam wiyeteendu
fok e farayse

seal

cewngu

jaguar

molu

pony

cewngu

leopard

ngabu

hippo

njabala

giraffe

ciilal

eagle

mbabba tugal

boar

liingu

fish

heende

turtle

kullal biyeteengal morse

walrus

renaar

fox

lella

gazelle

Fuggukoyngel Amerknaaɓe
American football

dognugol welo
cycling

tenis
tennis

beysbol
basketball

lumbagol
swimming

boks
boxing

fuggukoyngel e galaas
ice hockey

Fuggukoyngel

football

badminton

badminton

atelettuuji

athletics

hanbol

handball

fijirɗe deggol e nees

skiing

polo

polo

golle

activities

jalde
laugh
diwde
jump
ɓuucaade
hug
yaade
walk
yimde
sing
hoyɗitaade
dream
juulde
pray
ɓuucaade
kiss

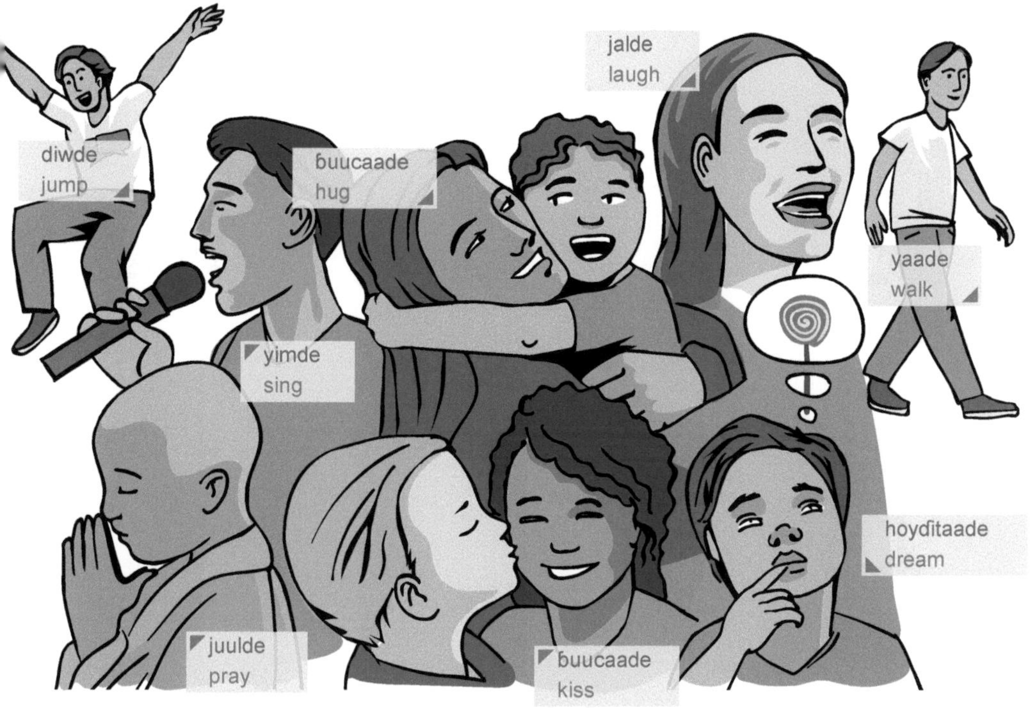

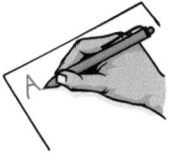

windude

write

siifde

draw

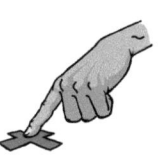

hollude

show

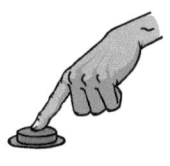

duñde

push

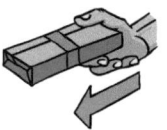

rokkude

give

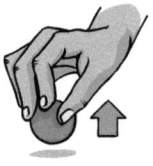

ƴettude

take

deñde

have

waɗde

do

wonde

be

ummaade

stand

dogde

run

fooɗde

pull

weddaade

throw

yande

fall

fende

lie

sabbaade

wait

roondaade

carry

jooɗaade

sit

boornaade

get dressed

ɗaanaade

sleep

finde

wake up

ƴeewde

look at

woyde

cry

helde

stroke

yeesaade

comb

haalde

talk

faamde

understand

naamnaade

ask

heɗaade

listen

yarde

drink

ñaamde

eat

hawrinde

tidy up

yiɗde

love

defde

cook

dognude

drive

diwde

fly

awyúde
sail

qimaade
calculate

jangude
read

jangude
learn

gollude
work

resde
marry

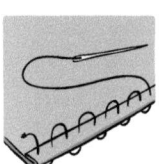

ñootde
sew

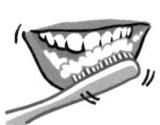

soccaade ýiiýe
brush teeth

warde
kill

simmaade
smoke

neldude
send

ɓesngu

family

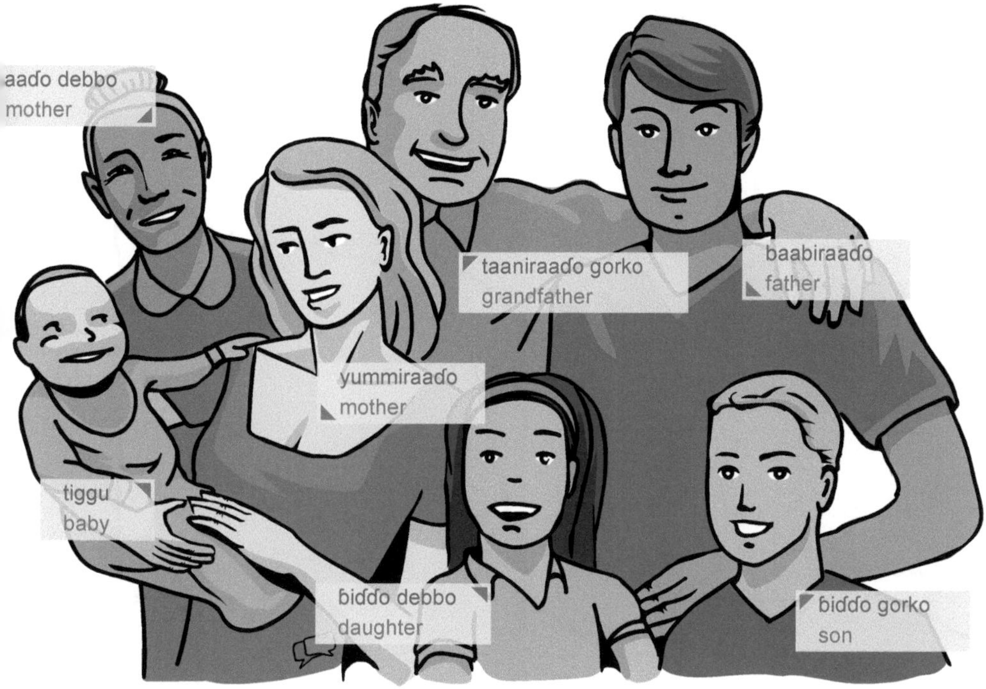

aaɗo debbo
mother
taaniraaɗo gorko
grandfather
baabiraaɗo
father
yummiraaɗo
mother
tiggu
baby
ɓiɗɗo debbo
daughter
ɓiɗɗo gorko
son

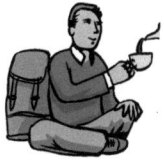

koɗo

guest

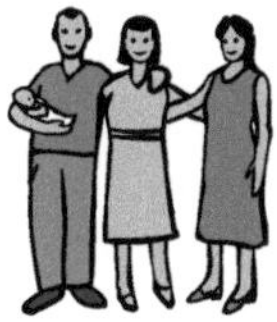

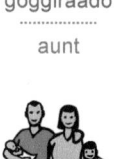

goggiraaɗo

aunt

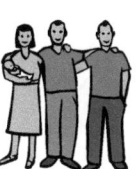

kaawiraaɗo

uncle

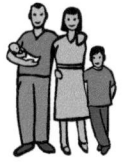

mowniraaɗo gorko

brother

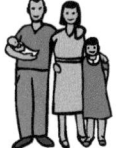

mowniraaɗo debbo

sister

ɓandu
body

tiinde
forehead
yiitere
eye
walabo
shoulder
feɗendu
finger
yeeso
face
waare
chin
jungo
hand
koyngal
leg
endu
breast
jungo
arm

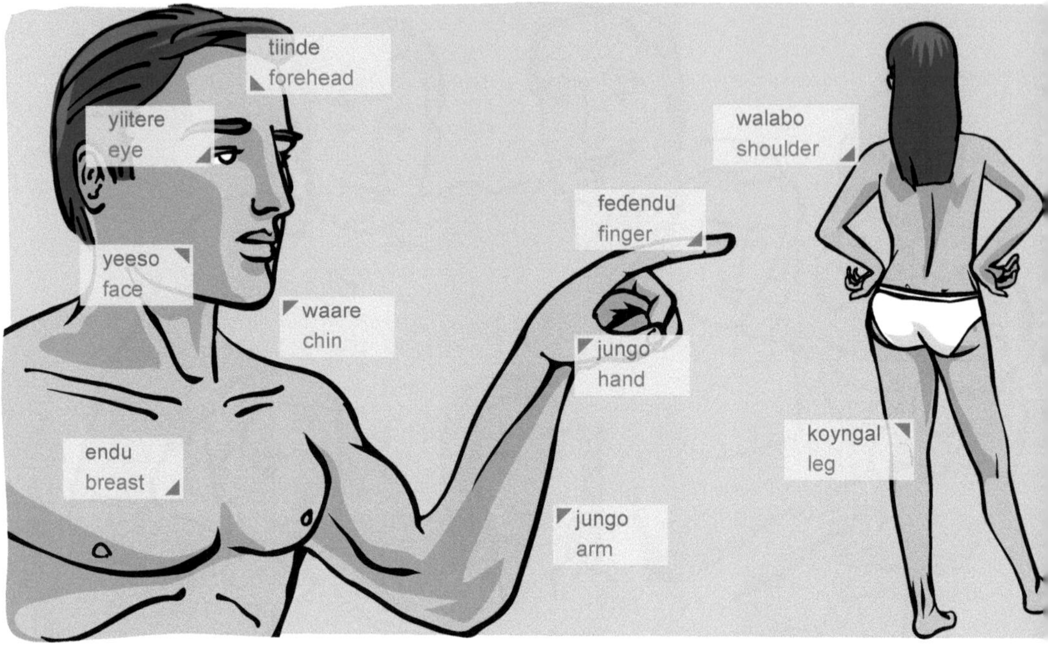

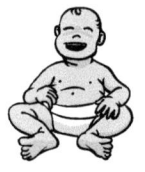

tiggu

baby

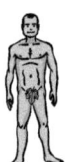

gorko

man

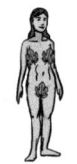

debbo

woman

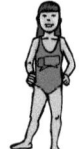

deftere kongoli

girl

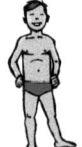

suka gorko

boy

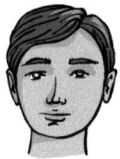

hoore

head

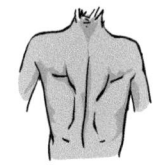

keeci

back

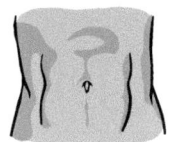

reedu

belly

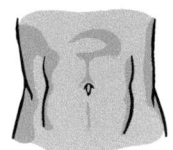

wuddu

belly button

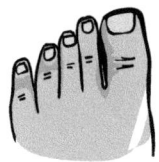

feɗendu koyngal

toe

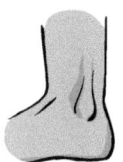

jaɓɓorgal

heel

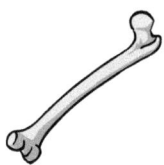

ƴiyal

bone

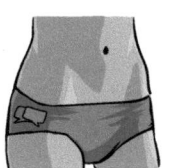

rotere

hip

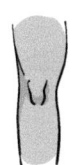

hofru

knee

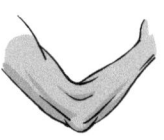

salndu junngu

elbow

hinere

nose

dote

bottom

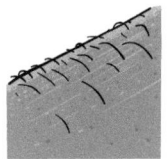

nguru

skin

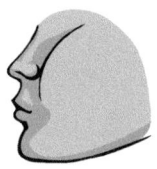

aɓɓulo

cheek

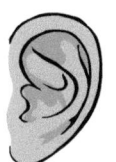

nofru

ear

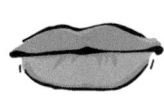

tonndu

lip

ɓandu - body

hunuko

mouth

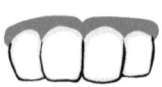

ñiire

tooth

ɗemngal

tongue

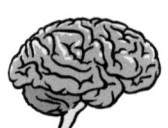

ngaandi

brain

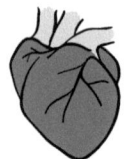

bernde

heart

ỹiyal

muscle

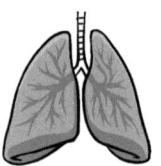

wecco

lung

heeñere

liver

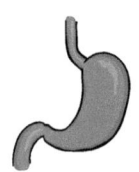

estoma

stomach

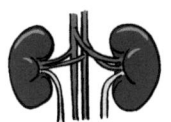

tekteki mawni

kidneys

terɗe

sex

laafa ndeenka

condom

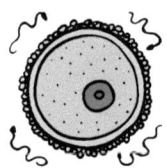

ɓoccoonde maniya

ovum

maniya

semen

reedu

pregnancy

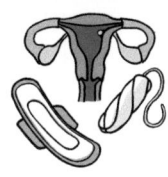

yiiỷam ella
....
menstruation

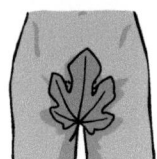

farja
....
vagina

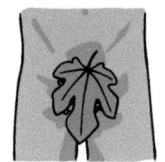

kaake
....
penis

leeɓi dow yiitere
....
eyebrow

sukunndu
....
hair

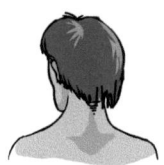

daande
....
neck

suudu safirdu
hospital

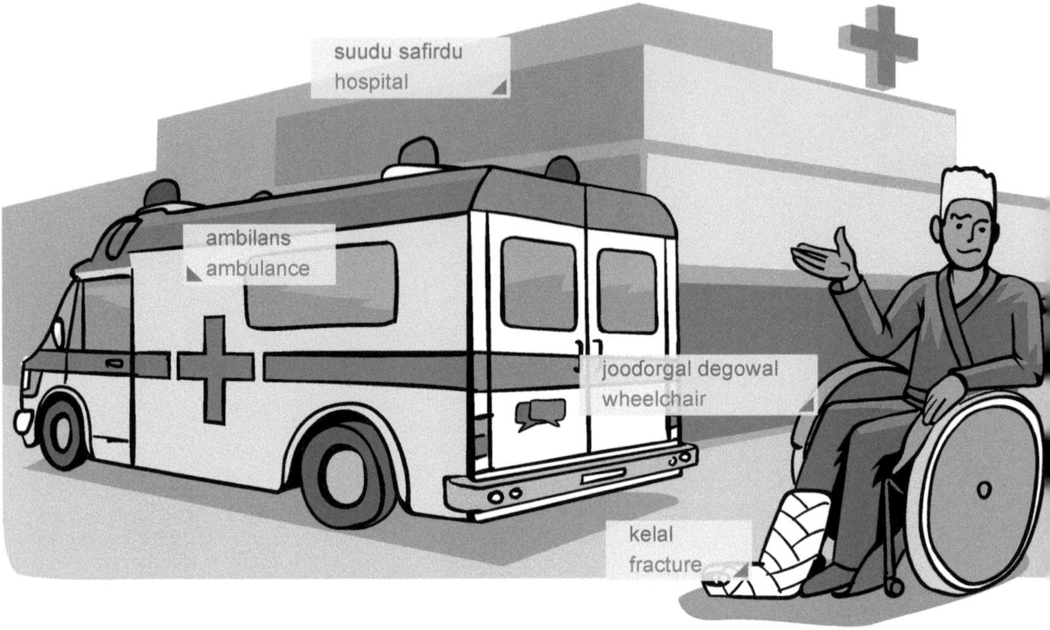

suudu safirdu
hospital
ambilans
ambulance
jooɗorgal degowal
wheelchair
kelal
fracture

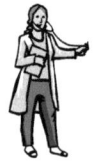

cafroowo
doctor

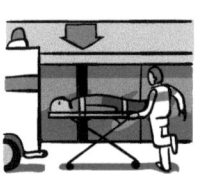

suudo irsaans
emergency room

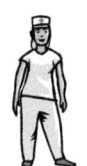

cafroowo
nurse

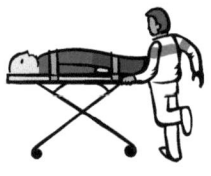

irsaans
emergency

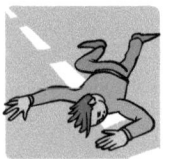

paɗɗiiɗo
unconscious

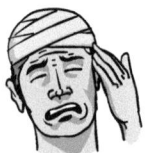

muuseeki
pain

gaañande
injury

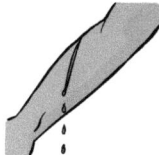

tuyƴude
bleeding

ɓernde dartiinde
heart attack

darogol ɓernde
stroke

alersi
allergy

ɗojjugol
cough

nguleeki ɓandu
fever

maɓɓo
flu

reedu dogooru
diarrhoea

muuseeki hoore
headache

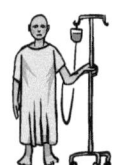

kanser
cancer

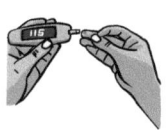

jabet
diabetes

operasiyon
surgeon

ceekirgel
scalpel

operasiyon
operation

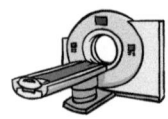

CT

CT

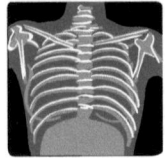

reyon-x

x-ray

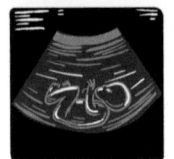

iltarason

ultrasound

mask yeeso

face mask

ñaw

disease

suudu sabbordu

waiting room

sawru tuggorgal

crutch

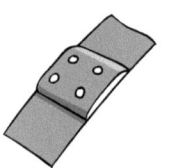

palatar

plaster

bandaas

bandage

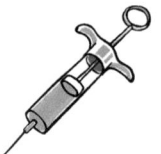

pikkitagol

injection

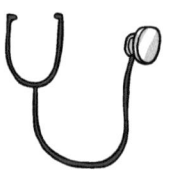

keɗirgel dille ɓandu

stethoscope

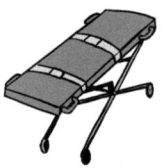

balankaaru

stretcher

betirgel nguleeki ɓanndu

clinical thermometer

jibinegol

birth

ɓandu ɓurtundu

overweight

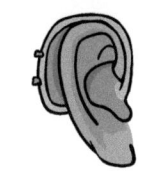

ballotirgel nonooje

hearing aid

desefektan

disinfectant

infeksiyon

infection

viris

virus

HIV / SIDA

HIV / AIDS

safaara

medicine

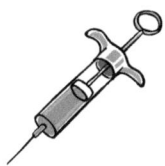

ñakko

vaccination

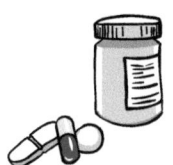

tabletuuji

tablets

foɗɗere

pill

noddaango heñoraango

emergency call

betirgel dogdu ƴiiƴam

blood pressure monitor

sellaani / salli

ill / healthy

Paaboɗe!

Help!

tintinirgel

alarm

jangol

assault

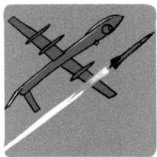

yande e

attack

musiiba

danger

damal dandirgal

emergency exit

Paaboɗe!

Fire!

ñifirgel jeynge

fire extinguisher

aksida

accident

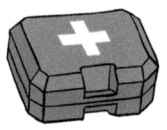

geɗe cafrorɗe gadane

first-aid kit

BALLAL

SOS

Polis

police

Erop

Europe

Amerik to Rewo

North America

Amerik to Worgo

South America

Afiriki

Africa

Asi

Asia

Ostarali

Australia

Atalantik

Atlantic

Pasifik

Pacific

Oseyan Enje

Indian Ocean

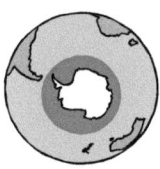

Oseyan Antarktik

Antarctic Ocean

Osean Arkatik

Arctic Ocean

Bange Rewo

North Pole

Bange Worgo

South Pole

Antarktik

Antarctica

Leydi

Earth

leydi

land

maayo mawngo

sea

wuro nder ndiyam

island

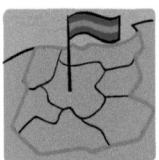

leydi

nation

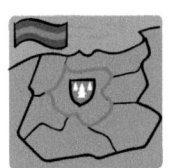

jamaanu

state

yeeso montoor

clock face

misalel waqtu

hour hand

misalel hojomaaji

minute hand

misalel majanɗe

second hand

Hol waqtu jonɗo?

What time is it?

ñalawma

day

saha

time

jooni

now

montoor disitaal

digital watch

hojom

minute

waqtu

hour

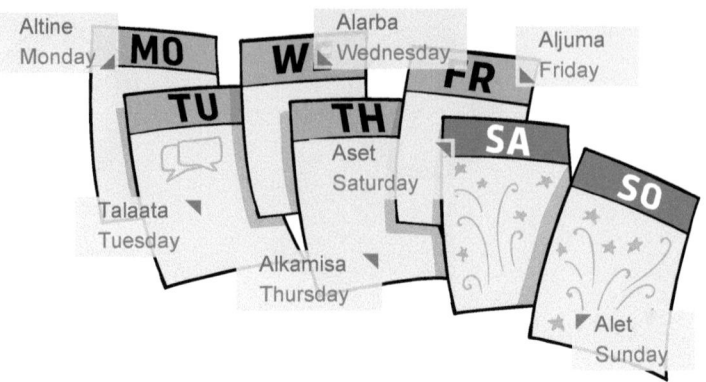

Altine
Monday

Alarba
Wednesday

Aljuma
Friday

Talaata
Tuesday

Aset
Saturday

Alkamisa
Thursday

Alet
Sunday

hanki

yesterday

hande

today

jango

tomorrow

subaka

morning

beetawe

noon

kikiiɗe

evening

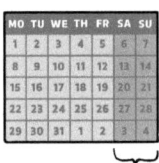

ñalawmaaji golle

business days

ñalamaaji fooftere

weekend

hitaande

year

toɓo
rain
timtimol
rainbow
hendu
wind
nees
snow
caggal dabbunde
spring
ndungu
summer
dabbunde
autumn
dabbunde
winter

4.APRIL 11°
5.APRIL 4°
6.APRIL 13°
7.APRIL 8°
8.APRIL 10°

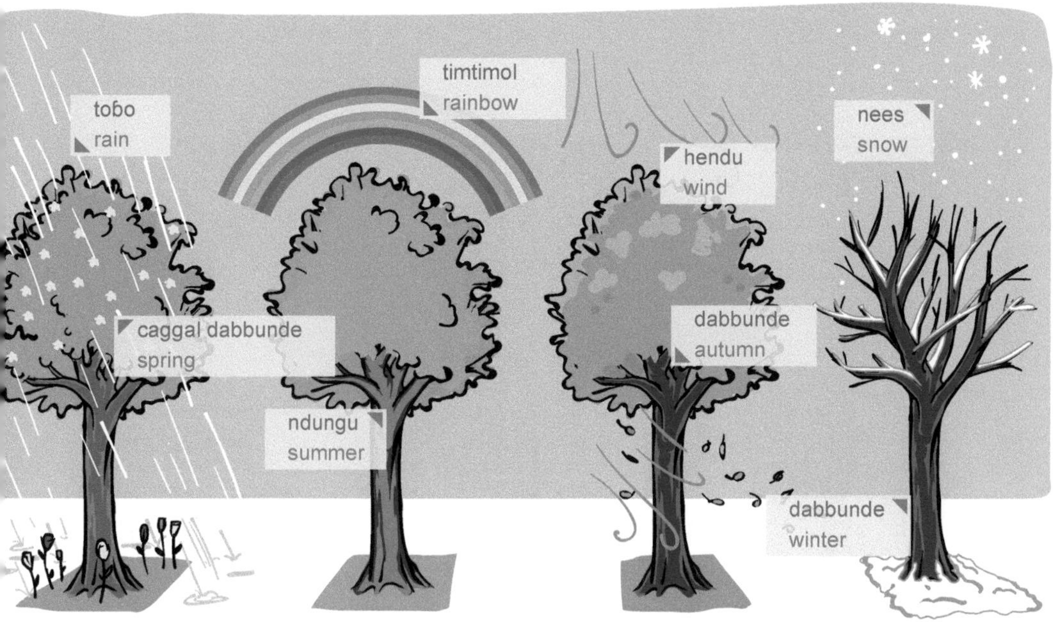

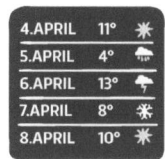

kabrugol geɗe weeyo

weather forecast

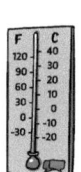

F C
120 90 60 30 0 -30
40 30 20 10 0 -10 -20

ɓetirgal nguleeki

thermometer

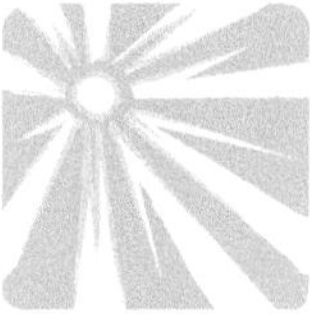

nguleeki naange

sunshine

duulal

cloud

nibbere niwri

fog

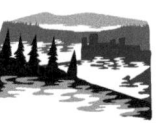

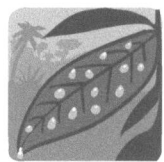

ɓuuɓol

humidity

majaango

lightning

gidango

thunder

hendu yaduungo e gidaali

storm

toɓo mawngo

hail

keneeli mawɗi

monsoon

toɓo yooloongo

flood

galaas

ice

Janwiye

January

Feeviriye

February

Mars

March

Awril

April

Me

May

Suwe

June

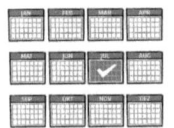

Suliye

July

Ut

August

Setanbar

September

Oktobar

October

Noowambar

November

Desambar

December

Mbaadi
shapes

taariɗum

circle

bangeeji potɗi

square

rektangal

rectangle

tiriyangal

triangle

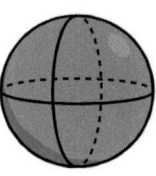

esfeer

sphere

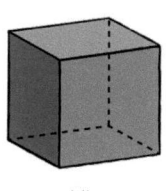

kib

cube

deneejo

white

puro

yellow

oraas

orange

roos

pink

boɗeejo

red

yolet

purple

bulaajo

blue

werte

green

baka

brown

giri

grey

ɓaleejo

black

heewi / famɗi

a lot / a little

mittinɗo / deeyɗo

angry / calm

yooɗi / soofi

beautiful / ugly

fuɗɗorde / gasirde

beginning / end

mawni / famɗi

big / small

leeri / ɗiɓɓiɗi

bright / dark

awniraaɗo gorko / debbo

brother / sister

laaɓi / tulmi

clean / dirty

timmi / manki

complete / incomplete

ñalawma / jamma

day / night

mayi / wuuri

dead / alive

yaaji / ɓitti

wide / narrow

ñaame / ñaametaake

edible / inedible

bonɗum / moyƴi

evil / kind

weelti / deeyi

excited / bored

ɓutto / cewɗo

fat / thin

gadiiɗo / cakkitiiɗo

first / last

sehil / gaño

friend / enemy

heewi / ɓoldi

full / empty

tiiɗi / hoyi

hard / soft

teddi / hoyi

heavy / light

heege / ɗomka

hunger / thirst

sellaani / salli

ill / healthy

dagaaki / dagi

illegal / legal

ƴoyi / ƴiƴaani

intelligent / stupid

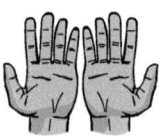

ñaamo / nano

left / right

ɓadi / woɗɗi

near / far

keso / kiiɗɗo

new / used

haydara / huunde

nothing / something

nayeeji / suka

old / young

ne heen / ala heen

on / off

udditi / uddi

open / closed

deeyi / dilla

quiet / loud

galo / baasɗo

rich / poor

feewi / feewaani

right / wrong

tekki / ɗaati

rough / smooth

suni / weelti

sad / happy

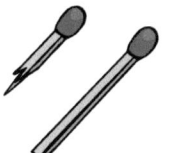

daɓɓo / jutɗo

short / long

leeli / yaawi

slow / fast

leppi / yoori

wet / dry

wuli / ɓuuɓi

warm / cool

hare / jam

war / peace

numbers

0

meere

zero

1

goo

one

2

điđi

two

3

tati

three

4

nay

four

5

joy

five

6

jeegom

six

7

seeđiđi

seven

8

jeetati

eight

9

jeenay

nine

10

sappo

ten

11

sappo e goo

eleven

12
sappo e ɗiɗi

twelve

13
sppo e tati

thirteen

14
sappo e nay

fourteen

15
sappo e joy

fifteen

16
sappo e jeegom

sixteen

17
sappo e jeeɗiɗi

seventeen

18
sappo e jeetati

eighteen

19
sappo e jeenay

nineteen

20
noogas

twenty

100
teemedere

hundred

1.000
ujunere

thousand

1.000.000
miliyonŋ

million

Angale

English

Angale Amerik

American English

Mandare Siin

Chinese Mandarin

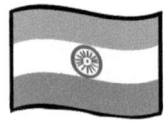

Indo

Hindi

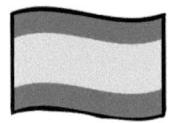

Español

Spanish

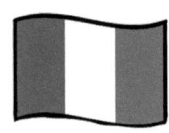

Farayse

French

Arab

Arabic

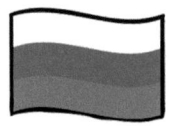

Riis

Russian

Portige

Portuguese

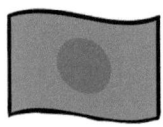

Bengali

Bengali

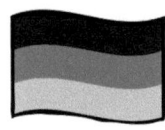

Alma

German

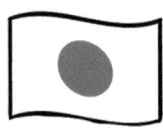

Sappone

Japanese

miin

I

ann

you

kanŋko / kanŋko / kañum

he / she / it

minen

we

onon

you

kamɓe

they

holi oon?

who?

hol ɗum?

what?

hol no?

how?

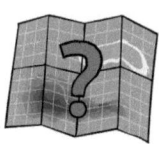

hol toon?

where?

mande?

when?

innde

name

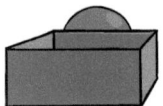

caggal

behind

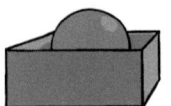

nder

in

yeeso

in front of

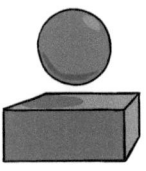

hedde

over

dow

on

les

under

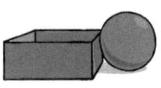

sara

beside

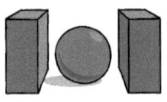

hakkunde

between

nokku

place